別宮博一

川下りは楽し

48歳からのカヌー日誌

吉備人出版

まえがき

　私は還暦を西暦二〇〇一年に迎えた満六十二歳の壮年童《わらべ》です。子供の頃からずっとスポーツとは無縁に過ごしてきましたが、健康増進のための運動の必要性を痛感し、四十八歳で突然カヌーを始めて十数年になります。健康増進の方はそれなりに実を上げ、若々しく元気に生活していますが、時間の経過の割には技術的進歩はほとんど無く、まだ下手なままです。それでも、『最も身近な自然』である『川』の流れの中に入り込み、流れに身を任せ、時には流れに逆らいながら、程良い自然のスピードで流れ下って行く、穏やかな『カヌー川下り』の魅力に取り憑《つ》かれ、はまり込んでしまっています。

　水面に近い視点から見る風景は、土手の道路を車で走りながら見るのとは全く趣きを異にし、四季折々の風物に接する中で、新しい発見や驚きの連続です。この楽しさ・醍醐味を共感できる良い仲間をじっくりと時間をかけて見つけ出し、少しずつ増やしてきています。男は五十代・六十代の者が主体で、七十余歳から三十代の者もいますが、女性はグッと若く二十代です。

　当然のことながら、自然の中での遊びや楽しみにはある程度の危険を伴いますが、リスクがあることを認識し、装備を整え、知識を持ち、突き進む勇気と決断および回避する勇気と決断を自分なりにきちんと持てば、大丈夫です。鉄則は、決して一人で川下りをしないこと、人工的構造物に接近しないこと、増水・濁流時には川に行かないことです。「そんなことを言ってたんじゃあ、手軽にやれないじゃあないか！」と言われるかもしれませんが、そんなことはありません。既にやっている人たちの仲間に入れてもらえばすべて解決です。そんな人たちを見かけたら、ちょっと声をかけてみてご覧なさい。武骨で口下手で、一風変わっているかもしれませんが、たいてい優しい良い人たちですよ。さあ、岸辺に留まらず、彼らに手助けしてもらって流れの中へ漕ぎ出しましょう！

私はカヌーを始めて以後、年一回発行の『岡山大学医学部脳神経外科同門会誌』に、毎回カヌーの楽しさを主体に川・海・山を書き綴ってきましたが、これが好評で、まとめて本にするよう多くの方々に勧められてきました。長年勤めた国立福山病院を退職し、人生の折り返し点に立ったのを機会に、これに多少手を加えてまとめたのがこの本です。ド素人でド下手糞の壮年たちが、童心に還《かえ》って歓喜する水辺の遊びの醍醐味を、多少でも伝えられれば、無上の幸せです。

平成十六年六月三十日　　岡山・旭川河畔の自宅にて

別宮　博一

川下りは楽し～48歳からのカヌー日誌／目次

カバーデザイン・稲岡健吾

川下りは楽し～カヌーのすすめ（1990年）

「何か適度な運動を日々しなくては」といっとは無しに感じるようになったのは、歳のせいであろうか。私のようにスポーツと無縁に過ごしてきた者にとっては、何をやったら良いのかさっぱり分からず、困ってしまう。しかしながら、私自身で描いた要件も無くはない。すなわち、ほとんど毎日できること、いつでもできること、時間を取らないこと、相手が要らないこと、かなりの運動量があること、予約とか手続きといった束縛の無いこと—といったところである。

まず思い付くのはジョギングである。これは親友の鈴木健二氏[註1]がのめり込んでいるとか、いたとかという噂を耳にしている。「暗がりを中年が逃げ支度をして走っている」として、痴漢と間違われるとも聞く。膝や足を傷めることも多いらしく、それが原因で逃げ切れなくて捕まった時に困るので、これはどうも私には向かない。

スイミングという手もある。これも鈴木健二氏がやっているらしい。これはかなり良さそう

(1) 鈴木健二氏（64）日本赤十字岡山病院副院長。岡山大学医学部脳神経外科同門会副会長。詩吟の達人。マラソン・空手・山歩き・写真・農作業を能くする。著者と大学同期の親友。

であるが、結膜炎と伝染性軟属腫のリスクが気に入らない。鈴木氏が結膜炎を患ったという噂は聞いたことが無いが、彼の大きな眼は特別なのだろう。何しろ二百七十度の視野、つまり、真後ろの九十度以外はすべて見えると、昔は誇らしげに言っていたのだが……。最近は、せっかくの広角視野を捨て、三百ミリのズーム・レンズで、極々狭い範囲を遠くから気づかれないように、そっと撮ることに没頭しているらしい。秋岡達郎氏(註2)曰く「何ぁ撮りょんか知らんけぇど、あの人のことじゃけぇ……ヘッヘッヘッヘッヘッ」。結局何を撮っているのか分からないが、卑猥な印象だけが残る。

ゴルフというのもある。あれは一日仕事であるから、日々行うとすれば、打ちっ放し通いであろう。しかし、技の練磨にはなるであろうが、運動量は少ないと思う。私も昔ゴルフをやり始めたことがあった。留学中ニューヨークでゴルフ教室に入り、アシスタント・プロについて週一回三カ月間練習した。初めは十数人のクラスであったが、三回目頃からは数人になり、その後は「ヨーコ」と呼ばれていた日本人商社マンの奥さんと私の二人だけになってしまった。この白人の男、イヤラシイ奴で、「ヨーコ、ヨーコ」と付きっきりで、手取り・脚取り・腰取

(2) 秋岡達郎氏（58）倉敷リハビリテーション病院副院長・脳神経外科。岡山漕艇協会理事。岡山大学医学部ボート部OB。絵画を能くする。昔オフロードバイクをやっていたことがある。山田方谷を研究中。よろず物識り。

り・もっと取りの、前から後ろからの密着指導に終始して、私の方は放ったらかしで、ほんの時たま思い出したように私の方を振り返って、「ナイス・ショット」と声をかけるだけである。帰り道が同じ方向なので、私がヨーコを車で送っていたのであるが、これに気づいたこのスケベエ野郎は、強引にヨーコを自分の車に乗せて送り出した。この話を続けても空しい。こんな経緯で、ゴルフに対して私は理屈を超越して嫌悪の念を抱くに至ったのである。さらに、ゴルフ場乱開発で日本の山々がズタズタにされている様を飛行機から目の当たりにした時、この亡国の遊びはやるまいと決めたのである。

こんなわけで、なかなか適当な物が無かったのであるが、我が家の前の川で、時々若者たちがカヌーの練習をしているのを見かけることがあり、面白そうだと感じ、やってみたいなと思っていた。しかし運動具店に行ってみても、カヌーは店頭には無く、カタログで決めて取り寄せるしかなく、よう買わずにいた。昨年の鹿田レガッタ（旧・岡山大学医学部レガッタ）の時、秋岡達郎氏が持って来ていたカヌー（カヤック）に乗せてもらい、案外簡単に漕げるという感触を得て嬉しくなり、断然カヌーをやろうと思い立ったのである。

ただちに運動具店に行ってみると、驚いたことにカヌーがいろいろ並んでいるではないか。売れ出したので並べることにしたのだと言う。いい年をして始めるのであるからと、在庫のカヤックの中では最も安定性が良いという売り口上の艇に決め、パドル、ライフジャケット、へルメット、スプレーカバー、フローテーションバッグ等必要と言われる物はすべて揃え、更にカヌーを二艇積めるルーフキャリアーまでも。

興奮でワクワクしつつも多少の不安を抱きつつ、自分の艇で初めて川に漕ぎ出してまず感じたのは、さっぱりまっすぐ進まないということである。グルグル回るばかりで嫌になる。たまたま近くでカヌーを練習している若い女の子がいたので、接近し「どうやったら直進できるんか教えてもらえんかなあ」と声をかけてみたが、迷惑げに「私の艇は種類が違い、舵も付いているし……、マア漕いでいればそのうちにまっすぐ進むようになるでしょう」と言い捨てて、さっと逃げて行ってしまった。

その後も、彼女らが練習をしているのを見かけると、仲間に入れてもらおうと、すぐにカヌーを担いで川に降り艇に乗って漕ぎ出してみるのであるが、私の姿を見ると彼女らは一斉に水から上がり始め消えてしまう。どうやら、『変なおじさん』と思われてしまったらしく、私と係わり合いになるのを避けているとしか思えない。このことでデリケートな私の心がどれだけ傷つけられたかは、彼女らは知る由もないことであろう。それでも、こんな仕打ちにもめげず、やっていても恥ずかしくなる無様に耐えて一週間練習したら、何とか直進できるようになった。こうなってしまえば、後はもうルンルンである。

目の前に川があるので、思い立ったら五分後には水の上という手軽さが、何ともすばらしい。

日の出直後や日没前の川面を漕いで行く爽やかさは天下逸品。肌に感じる微風がたまらない。家を出てから帰るまでが通常一回三十分余りで、この間一気に二〜三キロ漕ぎ、カヌーをかついで平地を二百メートル歩き、ビル四階相当分の土手の石段を往復する。休日には一気に四〜七キロ漕ぐことが多く、朝・夕漕ぐこともある。今年は四月二十二日の一回目から始めて九月十五日には百回目を漕いだ。嬉しいことには、きつくてはけなかったズボンが楽にはけるようになったし、きつめに感じていたワイシャツの首が楽になった。しかし、何と言っても一番楽しくて嬉しいのは、時々行く川下りである。

川下りには決して単独では行かないことにしている。何よりもまず、転覆した時に援助してくれる、或いは援助してくれないまでも見ていてくれる相棒が必要である。実は、それよりも、川を下ってかなりの距離を移動することになるので、上流と下流の両端に車を置いておかないと、どうしようもないという切実な理由があるのである。この相棒が秋岡達郎氏である。彼は私が転覆した時にはじっと実によく見ていてくれるので、相棒として申し分ない。

秋岡氏のカヌー歴は相当長く、現在使用しているカヤックが三艇目ということであるから推して知るべしであるが、技術的レベルについては触れないでおこう。彼は成羽川（高梁川支流）で遊んで育っており、私は高梁川で遊んで育ったという関係から、川下りというと自然に高梁川に足が向いてしまう。二人にとって高梁川を下るのは、心の故郷で手足を思い切り伸ばしたような安心感がある。童心に還り、ワクワクしながら、贅沢な自然の中で、少しばかりのスリルと冒険で彩られた数時間を過ごすのである。

【四月二十九日】　かねてよりの打ち合わせ通り、伯備線豪渓駅近くの喫茶「もみじ」（註・現在は廃業）で午前七時に落ち合い、どこを下ろうかと話し合う。実は、二人とも今回が初めてのカヌーでの川下りである。内心の不安を隠し、努めて平静を装ってはいるが、言葉の端々に隠し得ぬものがチラチラと覗く。

秋岡氏は、カヌー歴は長いが専ら静水でしか漕いでおらず、川を下るなどということは全く考えてもみたことが無かったという。私自身は十数年前から毎年夏には、川の水量が適当な時を選んで、子供を連れてゴムボートで高梁川を下っているので、川の状況は大体掴んでおり、知らない川を初めて下るという不安はない。ゴムボートは転覆のリスクはまず無いと言っていいが、操縦性に劣り、最近急速に増えた、出で立ちだけは金がかかっているがサッパリ釣れている気配の無い鮎釣りの釣り人の群れから、罵声を浴びせられることになる。しかも、川下りのハイライトとでも言うべき『瀬』の部分が火花を散らすことになる場というのは、いかにも皮肉である。それはともかく、まだ鮎解禁以前なのでこの問題はない。

結局、私がゴムボートでの経験から水量・技術・景色を勘案して場所を決めた。川下りでは、川そのものの様態はもとより、どこで川に降り、どこで川から上がるか、そのルート、車の置き場、川面から見て位置の指標となる道路上からも見える構造物等が頭に入っていないとうまくいかない。これまでに何度百八十号線を走り、様々な水量の高梁川を観察したことか。手許には五万分の一、二万五千分の一の地図、航空写真等何でも揃っている。

百八十号線を走りながら、これから下る予定区間を事前偵察し、ＪＲ備中広瀬駅近くの出発地点に到着。カヌーを運んで、「さあ、ひとつやりますか」などと言ってはみるものの、不安は隠すべくもなく、口先だけの空々しさが漂う。ふと見ると、水辺でじっと川面を見ている若者がいる。傍らには縦長の大きなリュックサックがある。秋岡氏が「ありゃあ、ファルトボートでぇ！」と笑みを浮かべて声を上げる。折り畳み式のカヌーのことである。早速話しかけたところ、玉野の若者で、高梁川を下ろうとＪＲに乗ったが、川上の方は水量が少ないのでここまで来て下車したということであった。単独で川下りを何度もやっているという頼もしい若者である。我々の事情を話し、同行・指導・援助を快諾してもらった。お陰でモヤモヤしていたものが吹っ飛んでしまい、こころウキウキと一変してしまった。彼がファルトボートを組み立てている間に、我々は川下へ車を一台置きに行ってきた。

準備完了。さあ、いよいよ出発である。水に漕ぎ出して、ウォーミングアップをしていて気づいたのであるが、秋岡氏はスプレーカバーを着けていない。これはスカートのような物で、その裾をコックピットの周りにゴムで締め付け、艇内への水の浸入を防ぐための物で、波がある場面では不可欠の装備である。静水に徹していた彼は持っていなかったのである。これはちょっとヤバイかなと、水に手を浸けてみると、その冷たいこと。玉野の若者も「瀬を通るたびに水がかなり入りますよ」と言う。しかし、無いものはこの場に至ってはどうしようもない。「まあ、いってみましょう」と秋岡氏自身が納得するので、「まあ、いいか」と私も無責任に納得する。

何となく私が先頭、次が秋岡氏、最後を玉野の若者という順序となった。いきなり瀬である。橋の下で川が左に傾いており、川筋はまっすぐなのに、右から川原がせり出し、流れの幅は狭まり、水は左へ向いて音を立てて流れて左岸にぶつかっている。瀬に入る直前でバック・パドリングをしながら採るべきルートの算段をし、「イクゾー！」と叫ぶと、秋岡氏がすかさず「ヨーシ！」と返し、清水の舞台から飛び降りるような気持ちで瀬に突っ込む。土手の道路から見た分には大した瀬ではないが、初めてカヌーでその中に入ってみると、水しぶきを浴び、天地もひっくり返るかというぐらいに水に揉まれるように感じる。瀬に入る前は怖かったが、瀬を無事通過してしまうと、「面白かったなあ！」「あれでねぇといけん！」「こりゃぁ、病み付きになるで！」「断然川下りがええ！」と興奮に任せて大声を上げる。川下からカヌー上の視点で瀬を見ると川に段差がついているのがよく分かる。じっと見ていると、圧倒されそうな水の力を感じる。これは高い視点から見たのでは決して掴めない感覚である。

すぐに、次の瀬が来た。今度は左から川原が張り出し、流れは右岸で瀬となり、ただちに岸壁にぶつかって左に直角に曲がり、続いて右に曲がり瀬となっている。今度の方が難しいが、ルートをよく検討して突入。これもスリルを満喫して無事通過したのであるが、案の定秋岡氏の艇内に水がかなり入ってしまった。岸に着けて水を出す。いかにも寒そうにしている。彼もスプレーカバーの必要性を身に染みて感じたに違いない。

ここからは、波は割合大きいが簡単な短い瀬が適当間隔で次々と並んでおり、快調にどんどん突き進んだ。しばらく進んで後ろを見ると秋岡氏の姿が無い。「もしや」という思いが一瞬脳裏をかすめたが、カヌーの姿も見えないので転覆ではなさそうである。玉野の若者は「先ほど、また岸に着けて水を出していたようですが」と言いながら双眼鏡で捜している。いくら待っても下って来ない。「ケガでもしているのでは?」と不安になり、かなりの労力を費やして川上へ遡ってみると、秋岡氏は淀みに艇を止め、優雅にも「絶景かな!」とばかりに周りの景色を愛で、あるいは岸辺の動・植物の観察に浸っている。こういうのが、どうやら彼の世界らしい。我々も彼の世界にしばし付き合い、小休止とした。

さらに下ると、今度は流れの中にいろいろな岩が次々に現れる。空の青・雲の白・山の緑を背景に、澄んだ流れの中、その岩々の形といい配置といい、自然のなせる技とはいえ、その絶妙さは天下一品である。秋岡氏と私は、竜安寺の石庭になぞらえて、ここを『石庭』と命名した。

これより少し川下には、初めての我々には技術的に無理な瀬が二つ続いてあるので、『石庭』が終わった辺りが今日の予定区間の終わりである。ここにはちょっとした川原があり、すぐ百八十号線に上がる道があり、上がった所には車が置け、喫茶店まである。そういう場所をあらかじめ選んでおいたのである。玉野の若者は、これから引き続き行ける所まで下るという。「上でちょっとお茶でも飲みながら話しませんか？」と誘い、下半身ズブ濡れの秋岡氏も濡れたままで寒さに半ば震えつつ、しばしカヌー談議に花を咲かせた。

「高梁川石庭下り」の著者。危険信号色の出で立ちで山桜をバックに。

私はいかなる場合も存在がすぐに分かるようにと、赤いヘルメット、赤いライフジャケット、スクールバス色（黄色）のスプレーカバーとカヌーという出で立ちであるが、秋岡氏はこれを見て「そねえな危険信号みてえな色じゃあ、ちょっと漕げるようになったら、恥ずかしゅうておえんようになるでぇ」と揶揄する。そういう彼は、白いヘルメット、赤いライフジャケット、ブルーのスプレーカバー、ダークグリーンのカヌーである。眼糞が鼻糞を笑うようなものだと私は思っているが、要は所在の明確さを取るか自己満足的恰好の良さを取るかである。

【五月十三日】　午前七時に「もみじ」で落ち合う。前回と同じ区間を今度は二人だけでトライすることにし、早速出発地点に行ってみる。道路を走りながら見た分には同じ水位と思えたが、川に下りて見ると付近の川原はかなり狭くなっている。前回艇に乗り込んで漕ぎ出した辺りは水に浸かっており、五十センチは水位が上がっている。水も前回より冷たく感じられる。「ちょっとのことで、えろぅ感じが変わるもんじゃなぁ」と二人で感嘆の唸りを漏らす。今回はドジドジすることもなく、準備し漕ぎ出した。さすがに秋岡氏もスプレーカバーを今度は着けている。僅かに水位が上がった分だけ瀬の幅が拡がり瀬としての要素が弱まり、かつ川底の影響が水面に及びにくくなっているのか、かえって易しく感じられた。

多少のスリルを味わいながら下り、『石庭』に入ってからは、流れを上ったり下ったりを繰り返し、この方法でしか到達できないような場所に艇を着けて上陸し、岩をよじ登ったりなどして狭い範囲ながら探検し、生物・鉱物の探索や秋岡氏によるレクチャーをこなし、流れの中の大きな岩に登って領土を獲得したかの如くはしゃいでみたりで、童心に還って遊び回り、疲れると岩や砂に腰を下ろして、せせらぎ音をバックグラウンドに、そこここでの教授選の行方など世間話に花を咲かせ、言いたい放題言いまくり、後は綺麗さっぱり「水に流して」忘れてしまうといった具合である。

【七月二十二日】　ゴムボートでの私の経験からすれば、高梁川の川下りで最も楽しくかつ景色が良いのは井倉洞からJR方谷駅間で、さらに続けてJR備中川面《かわも》駅辺りまで下るのも良い。私はこの区間を『奥の院』と呼んでいる。『石庭』に比べ『奥の院』はやや難しい。実はこの『奥の院』をトライしたかったのであるが、鮎解禁後のあまりにも激しい釣り人のひしめき振りを目の当たりにして、通過し難いと断念したのである。鮎解禁期間をはずさないと無理である。『奥の院』に比べると他の場所での釣り人のひしめき振りは軽いものである。

午前七時「もみじ」で落ち合う。もちろん、店が開いているわけではないが、単に目印として分かり良いというだけのことである。今回はいつもの区間を含めズーッと最後まで下り切ってしまおうという予定である。高梁川下流は総社の湛井《たたい》の堰から下は問題外とするとしても、豪渓秦《はた》橋から湛井の堰間も単なる淀みなので、結局JR備中広瀬駅〜豪渓秦橋間を下ることにした。今回は写真撮影をと考え、水深五メートルまでOKで水に浮くという防水カメラを調達している。

今回は今までと違って、釣り人を避けながら瀬を通り抜けるということをやらなければならない。瀬に入る前に流れの具合と釣り人の位置をよく見てルートを考える。タイミングを選んだり、釣り人の背後をなるべく通過するように努力した。釣り人の方は我々に対しては、何の配慮も一切してくれない。彼らのすることといえば、〈睨む〉〈無視する〉〈怒鳴る〉の三語に尽きる。

水量は初めての時と同じ程度である。石庭の川下の水内《みのち》川原付近の二つの瀬のうち、川上のものは何とか通過したが、川下のものは流れが左に傾き、左岸のテトラポッドに激しくぶつかっており、釣り人も三人が実に難しく位置していることもあり、通過は無理と判断してカヌーを担いで回避した。この辺りが、恥も外聞も捨て、安全を追求している中年の気楽さである。水内川原は子供の頃、遠足やサイクリングで何度も来たものである。水内橋をバックに記念撮影。

高梁川でも他の川でも、鉄製の杭の列が流れを横断して並んでいる場所があちこちにあり、杭の隙間をよく見極めないと通過できない。時々杭のてっぺんが水面下にあることがあり、通過できると思って行くとカヌーの底をひっかけてしまうことがあるので要注意である。何の目的なのかよく分からないが、嫌な物をよくも作ったものだ。秋岡氏がどこを通り抜けようかと見回っているうち、流れの力で艇を杭に押し付けられて動けなくなってしまった。この時、私は近くに行ってじっと見ていた他には写真に撮ったぐらいのことで、放っておいたが、無事自力で脱出した。別に私が冷たく振る舞っていたわけではない。ダメなら艇から降りさえすればいい。水深は腰ぐらいしか無いのだから。

ＪＲ美袋《みなぎ》駅近くでは全般に流れが割合速く、右に向いた比較的長い豪快な瀬も幅が広く、釣り人をあまり気にせずに通過できた。続いて建設中の橋のための工事用仮橋の下を体を屈めるようにして通過。これから先はだらだらと流れて行くのみである。流れの幅が広いので淀みを除けば非常に浅い。水深二十センチで何とか進めるカヌーであるが、底を擦ることが多くなる。二人乗りのファルトボートを調達しようと本気で考えていた秋岡氏は「こりゃあ、考え直さにゃあ、おえんなあ」としきりに呟いていた。ファルトボートは安定性・直進性は良く、折り畳んで背負って運べるが、喫水が深く、骨格以外は布製なので底を擦ると破れるリスクがある。

「誰を乗せるつもりか知らんけぇど、オメェのことじゃけぇ……、ヘッヘッヘッヘッ」と私。

淀みの左岸に大規模の見事な竹藪が見える。艇を並べパドルを互いに持ち合い二艇を固定し流れに任せる。物知りの秋岡氏が「岡山県の」と言ったか「中国地方の」と言ったか「日本の」と言ったか忘れたが、「三大防災竹林の一つ」であることなどのレクチャーをしてくれる。そのように説明されると、記念撮影をせずには済まされない気分になり、互いに撮り合う。

豪渓秦橋が見え始めた辺りで、右岸に五、六人の子供の姿を見つけたので接近してみると、捕まえた鯰を見せてくれた。褒めそやした後、我々のツーショットを何とか撮影させることに成功した。
この日、秋岡氏と別れた後、私は井倉洞～高梁・方谷橋間の高梁川の姿を略完全に約一時間の八ミリビデオに撮っている。特に『奥の院』は瀬を中心に詳細克明に撮影してある。VHSにコピーし、秋岡氏に後日進呈したところ、激賞してくれたのは嬉しかった。

【七月二十九日】　成羽川を下ってみようと秋岡氏があらかじめ提案していたのであるが、重症患者が入ったので遠くへは行けないという彼の事情のため、落ち合った「もみじ」付近、すなわち豪渓秦橋付近でお茶を濁すことにする。ここはほぼ静水で、秋岡氏のホームゲレンデである。私が独習で会得した未熟で怪しげなテクニックを披露し、秋岡氏を指導する。目糞が鼻糞を指導しているというお笑いである。
右岸の高い道路をカナディアン・オープンデッキ・カヌーを積んだワゴンが行ったり来たりウロウロしている。子供の顔も見えた。どうやら、川へ下りる道を探しているらしい。橋を渡って左岸に回れば、勝手さえ知っていれば、簡単に川に下りることができる。「降りて来ーい！」と大きなジェスチャーで合図してみたが、それきり見えなくなってしまった。諦めたものと思っていたが、ずっと川下の方からこちらへ向かって懸命に漕いで来るカナディアンカヌーが見える。

前をお母さんが後ろをお父さんが漕ぎ、間に年子らしい二人の可愛い男の子とクーラーを載せている。主人の方はカヤックが買いたかったのだが、「あなただけが一人で楽しむのは許しません」と奥さんの強い抵抗に遭い、仕方なく妥協した結果だということである。「そんなら、これに乗ってみますか？」と誘い、艇を交換して我々もカナディアンに乗ってみる。私が前、秋岡氏が後ろに座って漕いだが、パドルが違うし漕ぎ方も全然違うのでなかなかうまくいかず、左右の力のバランスが悪いのでなかなか直進しない。それでも、やっているうちに何とかいけるようになった。

一方、私のカヤックに乗った若いお父さんは、案の定二、三十メートル進んだだけで転覆。転覆した場合は脚から脱出しようとしてもできないので、縁に両手をかけて必ず腰から脱出すること、ゆっくりやっても五秒はかからないので慌てないことなどの注意はしておいたので、どうなるかなと見ていた。しばらく水中でもがいていたが、無事脱出し浮かび上がった。背が立たない場所だったので、ちょっと慌てている様子であったが、脱出さえすればライフジャケットを着けているので、後はどうということはない。

川原で休んでいると、奥さんが「よかったらどうぞ」と缶ジュースを投げてくれる。「これこそ、まさに『流れ者』の物乞いじゃなあ」と秋岡氏と二人で大笑い。

【八月十六日】　さすがに盆の間は殺生を慎んでいるとみえ、釣り人の数が少ない。この時を逃してなるものかと、『奥の院』下りを計画したが、今年の天気続きのせいで水位は下がってしまっており、『奥の院』のどこの瀬を見ても水は流れているが、浅くてカヌーで通過できそうにない。諦めて、今回も『石庭』へ向かう。

秋岡氏は長いカヌー歴を持ちながら、未だに一回も転覆していないので、転覆した時にうまく脱出できるだろうかといつも不安であると言う。私が彼の目の前で転覆するたびにすぐに脱出するのを見て、うらやましい気がすると言う。私がバカにされているようでもあるが、素直に受け止めておく。元来カヌーは転覆するものであり、それを前提に事を始めなければならない。そこで今回は秋岡氏が故意に転覆することにしている。

また、人にカヌーをやっていると話すと、たいてい「ひっくり返っても水の中でクルリと回って起き上がるやつですか」と返ってくるけれども、あれを言われるとシュンとなってしまう。我々にはあんなことはできないし、試みたことも無いので、あれにも挑戦しようということで、二人とも水中メガネを持って来ている。

一度転覆の洗礼を受けると転覆に対する秋岡氏の恐怖はすぐに失せ、早速高級テクニックのカヌーに乗ったまま起き上がるロールに挑戦となった。やったことの無い者同士が、マニュアルの記載を思い出しながらちょっとやってみたからといって、できるようになるわけがない。

結局、次のような結論に達した。

① 転覆せんようにしょうでぇ！

② 綺麗にロールぅやりょうる人を見たら、心から尊敬するなあ！

高梁川・旭川・四万十川（1991年）

高梁川ＡＢＣ田舎倶楽部

今年も四月二十日からカヌーを漕ぎ始めた。冬の間は、何と言っても水の上も水の中も寒く冷たいはずなので、冬とその前後はカヌーを休止している。第一に女房・子供が川に行かせてくれないのである。いい年をしてカヌーをやること自体が尋常ではないのに、寒い中ひっくり返って溺れたなどというような「フゥのワリィこと（風の悪いこと）」にでもなったら、「バカなことを！」と、憐れんでくれる人も無く、恥ずかしゅうて外に出られなくなると言うのである。誠に理路整然として説得力のある抗議と評価し、これに従ってているというわけである。

我が家にあってはかくの如き冷たい扱いに耐えながらも何とか凌いでいるのであるが、昨年同門会誌の小生の『川下りは楽し』を読んで下さった方々の中には、宮本俊彦氏（註3）や大橋威雄氏（註4）のように、

(3) 宮本俊彦氏（62）宮本クリニック（広島県豊田郡本郷町）。硬式テニス・ゴルフを能くする。大学一級上で、研究室時代を含め約十七年にわたり著者が一緒に勤務した仲。

(4) 大橋威雄氏（62）済生会岡山病院リハビリテーション部長。ゴルフを能くする。著者と大学同期の親友。

「ゴルフのことを『亡国の遊び』と書きやがって！」

と警戒する下手なゴルフ好きの声のあるのはさておき、本条征史氏（註5）・鈴木健二氏・奥村修三氏（註6）のように、共感して遠くから声援を贈って下さったり、好ましいこととして温かく見守って下さったり、支援して下さる方々や、塩田知己氏（註7）・有光哲雄氏（註8）のように自分もやりたいと言い出したり実際にやり始めたりする輩の存在に気をよくしている。

そこで、『秋岡達郎氏と私のこの川遊び』を形あるものにしようと考え、高梁川ゆかりの我々が高梁川を中心に川遊びをしていることを考慮して『高梁川ABC田舎倶楽部』と私の独断で命名した。ABCはAkioka-Beck-Cooperativeのつもりであり、田舎倶楽部はCountryside

秋岡氏（右）と著者。錦川下りの帰りに立ち寄った女鹿平《めがひら》温泉・クヴェーレ吉和（水着で入る男女混浴温泉）にて

Club と必要があれば英訳することにした。

旭川下りカヌー大会

五月二十六日（日）午前八時ちょっと過ぎテレビのスイッチを入れたところ、NHKローカル番組の建部《たけべ》町の特集をやっているところであった。川で遊んでいるカヌーが映っており、「今日午前八時三十分から艇庫開きが行われ、引き続き岡山の後楽園までの『川下りカヌー大会』が行われます」とテロップが出た。すぐに建部町役場に電話をかけて、川下りに参加させてもらえるかどうかを尋ねたところ、「かまわないと思うが、スタート時刻にはとても間に合わないだろうから、川沿いに車で来て、出会った所で現場の担当者に掛け合ってみろ」という大雑把な回答であった。ただちに秋岡氏に電話をする。残念ながらこの日は親戚の法事がありダメ。

ただちにカヌー装備一式を車に積み、我が家を出発。旭川沿いに遡る。注意しながら走った

(5) 本条征史氏（62）本条脳神経外科・外科（愛媛県大洲市）。野球を能くする。
(6) 奥村修三氏（77）奥村脳神経外科診療所（岡山市表町）。元岡山大学医学部脳神経外科助教授・元同門会長。
(7) 塩田知己氏（41）谷川脳神経外科（広島市）副院長。岡山大学医学部ボート部OB。物凄い馬力の巨漢。
(8) 有光哲雄氏（60）高知脳神経外科病院理事長。サッカーとウインドサーフィンを能くする。

つもりであるが、カヌーの一団と出会わないまま出発地点の小倉橋をいつの間にか通り過ぎてさらに遡り、建部町スポーツセンターまで来てしまった。道路と川が離れて川が見えない部分ですれ違っているとしか考えられない。今度はカヌーの一団を追い求めて走るが、見つからないまま御津町野々口葛城橋の少し川上まで来てしまった。どうも追い抜いているような気がする。川原でピクニックをやっている集団がいたので、下りて行って尋ねてみる。

「ここからは川面は見えませんので」と言われてよく見ると、背丈ほどの茂みのためになるほど川面は全く見えない。この時、土手の上の方から、

「こちらは建部町広報車です。只今川下りカヌー大会を行っております」と聞こえてきた。

「コレ、コレ、コレ！　待ってました！」と急いで土手に上がり広報車を止めて掛け合う。遥か川上に点の集まりのように見えるのがカヌーの一団と教えられ、双眼鏡で見ると十艇ほどが下っている。ここが第一区と第二区の境界点で、漕ぎ手が交替するので、私はここから加わることになった。

この建部町主催の『川下りカヌー大会』は毎年五月最終日曜に行われている。これはできるだけ暖かい季節で鮎解禁前という意味合いである。全四十余キロメートルを四区間に分け、区間毎にその区間の難易度に合わせて漕ぎ手を替え、艇の数は少なく参加人数は多くという形を取っている。各区間にはベテラン指導者が二、三人ぐらい含まれており、陸上支援隊が伴走し、

また瀬の部分では先回りして陸上から好ましいルートの指示を与えるなど安全に最大限の努力がなされている。水位の変化のため、開催日前には陸上と水上から全区間のチェックを何度か行って、決行するかどうか決めているということである。参加しているのは皆建部町民でB＆Gでカヌーをやっている人のようである。毎年少数の飛び入りがあり、去年は三名あったが今年は私だけということである。こういうのは、様子の分からない川を初めて下るには、持って来いのチャンスである。

早速車で川原に下り準備にかかる。高齢の会長に挨拶すると、

「どこまでやりますか？」と問うので、

「ズーッと最後まで、後楽園までのつもりです」と当然のこととして答えたのであるが、

「途中大変な所も何箇所かあり、担いで越えたりで骨が折れますよ」と意味ありげに何度も念を押してくる。カヌーの一団が拍手に迎えられて到着。てきぱきと乗り手が交替する。途中コンビニで買い込んだ弁当と飲み物を積んで私も漕ぎ出す。ヘルメット、ライフジャケット、スプレーカバーで身を固め、二回手術を受けている左耳には耳栓、メガネがはずれると近視と老視でピンボケで危険となるのでメガネバンドもちゃんと付けている。

いきなり大きな瀬である。指導者とおぼしき五十過ぎの人に、

「これはちょっと怖いですねえ」と言うと、

「これくらいでちょうど良いくらいですよ」と全然気にしていない。皆次々に瀬に突入して行くので、私も遅れてならじと意を決して突入。やってみればどうということはない。漕ぎ出す前から気になっていた初っ端の瀬を難なく通過できたので気持ちに余裕ができ、見回してみると、十二艇からなるこの一団は指導者の三人と私以外は皆中学生で女の子が多い。まだうまく直進できない子もいる。軽く漕いでいるつもりでも、いつの間にか私が前に出てしまう。こういう集団の中にいると「自分はうまいのだ」とつい錯覚してしまう。牧山辺りだと思うが低い歩行者専用橋があり、第二区の終わりである。関係者が皆橋に座り込んで、川幅一杯になって昼食をしている。遠くから見ると小さな橋に人間がすずなりにとまっているようで珍妙至極。

第三区はここから中原橋までである。乗り手が替わって、今度は全員逞しい大人で皆うまい。大原橋のちょっと川上の合同堰のバックウォーターが続く。淀みを懸命に漕ぐのであるが、今度はいくら頑張っても、ついて行くのがやっとで余裕がない。ちょっと気を抜くと遅れてしまう。落差四メートルの合同堰は全員艇を担いで越えた。堰の下一帯は今やアウトドア派の格好の遊び場となっており、この日もいろいろのカヌーで賑わっていた。ここにある瀬も中央を難なく通過。

大原橋の下をくぐる辺りは淀んでいる。堰がある。見回してみると合同堰ほどではないが落差が大きく、切れ目の流れは速く、落ち込んだ流れは岩にぶつかり波は逆巻いて激しく荒れている。私は当然回避するものと思い、どこから上がったら良いのかななどと考えていた。五十過ぎの第二区から引き続いてのリーダーは「行けるかな」としばらく偵察を繰り返していたが、「行けそうな感じじゃな」と言い出し、「わしがちょっと行ってみらあ」と滑り台を滑るが如く突入し、荒瀬を突破した。続いて来いと下から合図している。誰も行きはしないと私は高を括っていたが、皆次々に急降下爆撃をするかのように突破して行くではないか！　しかも誰もひっくり返らない。中年のおばさんもＯＬ風の若い娘も突破した。残るはあと三人。遂に一人転覆。脱出して艇を押しながら岸に着いた。次の人は成功。遂に上に残っているのは私だけになってしまった。追い詰められてしまった。絶体絶命。もう突入するしかない。ああ、特攻隊はこんなだったのだろうか！　意を決して、ジェット・コースターで瀧を落ちて行くかのように突っ込む。何度かバウンドし、落ちた所で横から波を被って転覆。脱出して艇とパドルを持って泳いで岸に向かう。耳栓をしていない右耳には水が入って変な感じであるが、そんなことは言っておれない。川底が足に触れた時は本当にホッとした。

リーダーは「これが楽しみで五十を越えとるのにやっとるんじゃけぇ。ここを何とかして皆を通らせて、ひっくり返しちゃろぉ思うてノォ。必ず何人かはひっくり返るんよ。ひっくり返らにゃあ、巧《うも》うならんけぇノォ」と御機嫌である。会長がしきりに念を押していた訳がやっと分かった次第である。しかし、これはまたとない貴重な体験であった。

四ヵ月後の九月二十三日に秋岡氏とここを下った時、彼が件の堰の切れ目に挑戦するというので、艇を降りて二人で偵察してみたが、水位が四十センチぐらいあの時より低く、露出した岩も見え、かえって危険である。「こりゃぁ死ぬで！『突っ込まにゃあ殺す』とでも言われん限りやれんでぇ。突っ込みゃぁ、生きれる可能性があるんじゃけえ。」と二人で結論を出し回避している。秋岡氏は「それにしても激しい試練じゃったんじゃなあ」としきりに唸っていた。ま、それほどのことでも無いのであるが、その時には「突っ込まにゃぁ殺す」と言われたのも同然の心理状態に陥れられていたということになる。

その後はゆったりと下り、中原橋下の駐車場の所で第四区の乗り手と交替したが、私は続ける。今度はまた子供が多い。あのリーダーもいなくなった。ここでは競艇の練習をしていた一団がいたが、意外にも我々が通過してしまうまで練習をやめ、陸に上がって声援を贈ってくれた。

乙井手堰の右岸に切れ目があり、三野浄水場の取水堰に通じる道路沿いの幅十メートルほどの水路となっている。この水路ではカヌー・スラロームの地方大会が毎年秋に行われている。この水路下端で浄水場の堰の方へ行かず、左へ向かって本流へ流れる堰に突っ込む。これがちょっとしたスリルがあり楽しい。一人もひっくり返らずに通過した。市民ゴルフ練習場の西側を下ると、どうしようもない落差四メートルほどの洗堰がある。これを回避するため右岸で上陸するのであるが、水面と岸との差がかなりあり、取水口が近く接岸しにくい。陸上支援隊が待機しており、一艇ずつ合図と共に取水口へ流されないように用心しながら接岸し、手を掴み合って引き上げてもらう。陸上を艇を担いで運び、洗堰の下手で再び漕ぎ出す。

この作業に随分時間とエネルギーを消耗した感じがした。後日、私はこの辺りを何度も探検し、もっと簡単で全く危険の無い援助不要の回避ルートを見つけているので、秋岡氏と下った時はそのルートを通ってみたが、全く問題は無かった。来年はこの洗堰回避ルートへ皆を誘導しようと思っている。

流れは淀み、左に見える川中の島から鳥が次々に飛び発って行く。樹々には大きな巣が無数に見える。前方に新幹線の橋、その手前右岸にクラボウ・ゴルフ練習場のネットが見える。このネットの左辺りに堰がある。私は常々この切れ目を通過してみたいという衝動に駆られつつも、情けなくも怖さの故にじっと観察しているに留まっていた。ここで釣りをしていた古老はここで泳いで死ぬ人がよくあるということを教えてくれた。どうしてかなと思っていたのであるが、昨年夏の渇水で流れがチョロチョロになっていた時、水路の中にL字鋼の杭が五本ニョキニョキと出ているのを見つけた。これが水の中に隠れていて、泳いで下る人にガーンと当たり、死ぬことになるものと理解できた。

さて、この区間の若手リーダーが「この辺りに堰があったと思うんですが、あれの中央突破がけっこう面白いんですよ」と言い出した。ヤバイことになりそうな予感がする。「水路の水面下に鉄の杭が五本もあって、よく人が死ぬそうですよ。あれに艇の底が引っ掛かったら危ないよ！」と何度か言ってみたが、全然反応が無い。堰には陸上支援隊が来ており、水路際まで来て「中央突破すべし」と発破をかけている。チキショーメ、前区のリーダーではないか！「もうちょっと左」などとルートの指示をしている。ここでは、それこそアッと言う間に次々に連なって突破して行く。私も最後尾ながら遅れることなく突っ込みうまく突破した。これは嬉しかった。ちなみに、九月に秋岡氏と下った時には、鉄の杭が一本流れ込みの中で顔を出していたので、水面下の浅い所に残り四本の先があるはずで、これに艇の底が引っ掛かるリスクが大きいと判断し、水勢弱くうんと易しくなっていたが回避している。

新幹線橋梁の少し川上の堰の落ち込みを突破する

新幹線・山陽線鉄橋の下をくぐり、新鶴見橋手前で左岸の川原に上陸。川下りは無事終了した。小休止して、三十分後には帰途に就くと言うので、すぐ近くの我が家に急いで艇を置いた後、川原に置いた私の車の所まで便乗させてもらった。途中ドライブインに寄り、参加者全員で食べたラーメンは格別においしかった。家を出たのが午前九時過ぎ、家に着いて妻に「まあ、ズブ濡れになってどうしたん！」と言われたのが午後三時半、車を取りに行って帰って来たら日が暮れたという一日であった。

四万十川下り

今年のゴールデン・ウイークに、何を思ったのか鈴木健二氏が四万十川へ行って来たと言う。何をしに行ったかは定かではないが、どうもカメラと寝袋を持って行った模様である。

「あれは素晴らしいからのー。でぇれぇでぇ！　そりゃぁ水の色が違う。雄大さが違わぁ！この夏はのぉ、別宮と一緒に行って、いっぺんカヌーで下って来ぇ。留守番はわしに任せとけぇ」と鈴木氏がしきりに勧めると秋岡氏が言う。

「写真を見せてやるとは言うんじゃけぇど、一向に見せてくれりゃぁせんでぇ。見せられんような物《もん》が写っとんじゃろう。誰かと一緒じゃったんじゃろうなぁ。あの人のことじゃけぇ、小指関係じゃな」などと言いたい放題。

『最後の清流』として最近頻繁にＴＶや雑誌に紹介されることの多いこの四万十川の虜になっ

てしまった秋岡氏は、
「今年の夏は四万十川のことだけ考えて、是非とも行きましょう」と言い、①テントで寝ること、②四万十川の水を飲み、四万十川の水で飯炊きのキャンプ生活に徹すること、③喫茶店・女等俗な物を避けること、という基本姿勢を守って行こうと、彼にしては随分堅いことを言う。どうせ守れそうにないと思った私は「他人にはこれを守り通したということにしよう」と提案したところ、別に文句を言わず納得した。

八月四日（日）。打ち合わせ通りの午前五時三十分、瀬戸中央自動車道早島料金所で落ち合い、ヘッドセット型トランシーバーで話しながら高知に向かってひた走る。最近、折り畳み式のカヌーのファルトボートを購入して近くの仁淀川で漕いでいるという高知脳神経外科病院理事長・有光哲雄氏が高知から加わった。ここからは有光氏の先導で須崎市・中土佐町を経て山間に入り、窪川町に至る。

いきなり四万十川上流である。これが不思議である。険しい山を越えたわけでもなく、

秋岡氏（左）と有光氏（右）

川を遡ったわけでもないのに、『天下の秘境・最後の清流』の上流にいきなり出会うとは！　深い大きな谷底を流れる水は澄み渡り、碧味がかっており、瀬の白とのコントラストが綺麗で何とも言えない。ウットリして我を忘れてしまいそうだ。時々車を止めて秋岡氏は「こりゃぁ、すげぇ！　すげぇでぇ！」を連発する。激しく高い水位となることがあると見えて道路は谷の随分高い位置を走っており、JR予土線がやはり高位で対岸を走っている。川も道路も激しく蛇行する。人がほとんど住んでいない。そこここに『カヌー危険』の表示が見られる。この表示があること自体がカヌーが意識され、相手にされているということを意味しており、感慨無量である。

川を見ながら下流へ向かって走り、中流に至ると、四万十川名物『沈下橋』が次々と見られる。ここら辺りを下ったら適当に瀬もあって面白そうだなと思っていると、カヌー基地・江川崎に着いた。午後三時である。ここには六十艇の貸しカヌーを用意している西土佐村の村営『カヌー館』があり、キャンプサイトもある。

これから川を下っても六時過ぎにはやめて片付けなければ、まっ

四万十川と沈下橋

暗闇になってしまうので、ここから一つ川上の長生沈下橋から下って、ここを通り岩間沈下橋までの多めに見積もって約十五キロが適当と算段した。問題は、易しい区間にしているのではあるが、有光氏がちゃんとついて来るかどうかである。何しろ、

「カヌーに乗るのは今回が二回目で、一回目は十分間ほど漕いだら、しんどうてヘトヘトになってしもうてから、それでやめてしまいました」

と白状した時には、秋岡氏も私も腰を抜かしそうになった。有光氏は出発地点に先に行ってファルトボートの組み立てにかかり、我々は川下へ車を一台置いてから出発地点に行った。

遂に憧れの四万十川に漕ぎ出した。そこら一帯で、この山奥にしては大勢が泳いだり川遊びをしている。ギャルもいたが、この際そんなの

四万十川下り出発点にて
沈下橋の上を泳ぎに来た可愛い娘たちが歩いている

はメじゃない。四万十川なのである。水はよく澄んでいて、恥ずかしいくらいシースルーで気持ちが良い。三艇相前後して進んで行く。適当な瀬が適当に並んでいて快適である。有光氏の漕ぎ振りは心許無いが、一向にひっくり返らない。ファルトボートは実に安定が良い上に直進性が良いので、勝手に流れている艇にあまり逆らわずに乗ってさえすれば、ひっくり返ることもなく下って行けるようである。彼はウインドサーフィンをよくやっているので、水上でのバランス感覚や水や波を恐れないことも大いに役立っていると思われる。

あちこちで油を売りながら下った。釣りをしている家族連れに話しかけたら、川原でキャンプしながら川遊びをして三泊目ということであった。出会った川漁師には名物『手長えび』と、それを獲る仕掛けを見せてもらった。彼は、昔に比べたら水は濁っていると言う。プランクトンの成育の関係で、四万十川が本当に澄んで綺麗なのは冬なのだそうだ。この川では漁をする人とカヌーなど川で遊ぶ人との関係が和やかで実に良い。また、川遊びをする者同士も、やっていることは違っても、お互い遊び同士でフィフティー・フィフティーという雰囲気に自然に取り込まれ、出会っても、互いに譲るべき所は端から譲り、肩肘張らず、のんびりしていられるのが良い。

日暮れの迫った六時過ぎに岩間沈下橋をくぐって川原に上陸。先ほど、車を置きに来た時には車の置き場を探すほど車があり、大勢遊んでいたが、もう誰もいない。周りに人家も街灯も無く、間もなく真っ暗闇になるので、明るいうちに幅の狭い沈下橋を渡らないと危ない感じがする。急いで荷物をまとめ、秋岡氏のワゴンにカヌー三艇と共に信じ難い苦しい姿勢で何とか乗り込み、沈下橋を無事通過して川上へ向かう。それぞれの車に荷物を積み直し、さて晩飯である。

途中で川の崖っぷちに食堂というか料理屋が一軒だけあるのを見つけていたので、そこにしようとするが、有光氏はこれから車を飛ばして中村市へ行って、焼き肉を食おうと言う。昼間行くだけで一時間以上かかる所である。真っ暗闇の知らない細い夜道。食って飲んで酔いを覚まして……。危ない、危ない！　ちょうど、保険請求事務の件で開業医としては忙しい最中であったので、彼は高知へ帰りたかったのであるが、二対一で断念。

その料理屋に行ってみるとまだ灯はともっていた。中に入ると、もう今日は閉店したと言う。「今日は朝早うから岡山を発って来たんじゃけぇど、ここで食べさせてもらえなんだら、我々は今夜の食事に食いはぐれてしまうんです。何とかしてもらえませんかなぁ」と懇願し、「有り合わせの物ということで、『名物手長えびの天婦羅定食三人前と鮎一匹・鰻一匹』でもう、後何もありません」ときた。ビールで乾杯してしばしカヌー談議に花を咲かせた。

九時頃、「あのー、済みませんが、もう寝ますので」と言われ店を出た。有光氏はどうしても高知に帰ると言うので、ここで別れた。彼はこの後、中村市でガス欠となり、日曜の夜半どうすることもできず、翌朝世の中が動き出すまで、車の中で寝たというお粗末をしでかしている。

我々二人は、これから寝ぐらを何とかしなければならない。真っ暗闇ではもう江川崎のカヌー館下の川原のキャンプサイトに行くしかない。カヌー館までは来たものの、暗闇の中ではキャンプサイトへの降り道が見つからない。二台の車でその辺をウロウロ探し回り、やっと見つけてホッとする。九時半頃から懐中電灯を頼りに各々テントを張る。天気も良いし夜も遅いので、ペグなどせず、手抜きで、いい加減な、立っているだけのテントが二張りでき上がった。星が降るほど見えて、久し振りに認識した天の川であった。

テントで寝るというのは本当に久し振りである。家族なら詰めたら三人は寝られるテントであるから、ゆったりしている。テレビも無い。本も読めない。普段ならまだ当然起きている時間であるが、臥床しているしかない。こういうことも時には良いものである。時々隣のテントから秋岡氏が話しかけてくる。彼は昨夜は興奮してあまり眠れなかったと言う。私も同様になかなか寝付かれなかった。遠足前の子供と同じである。妻は、準備でそわそわしている私を見て「いい年をしたおっさんが、子供みたいなことをして喜んで、バカみたい！　四万十川に行くんだったら、うちの子も連れて行ってやったらどお？」と言ったが、子供は嫌がった。こんなことを思い出しているうちに眠ってしまった。

雷の音で目が覚めた。午前五時である。雨が降り出したかなと思っているうちに、土砂降りになり、稲光も風も加わり、大変なことになった。すぐ近くに落雷が続く。光るたび、落ちるたびに「キャー」という若い女の子の集団の声が上がる。初めのうちは何とも思っていなかったが、テントの揺れがあまりに強く倒れそうなのを目の当たりにして、テントが立っているのがやっとの仮設であるのを思い出し愕然とする。隣で秋岡氏がペグを打つ槌の音が始まった。ペグのために外に出てビショ濡れになる気は起きないので、私はそのまま寝ころんで不安に堪えながらじっとしている。村の広報の放送がのんびりとした調子で始まり、今日のスケジュールや作業予定などやっている。隣のテントからの秋岡氏の声も「通り雨じゃけぇ、すぐ止むでしょう」から「こりゃぁ、今日はダメですなあ」に変わっている。

しかし、午前七時前頃には雨は止んだ。テントはしばらくそのままにして乾かそうとしたのであるが、八時前にはまた降り出した。何でこうもチグハグなのか！　雨がやんでいる間にやっておけば良かったものを、ズブ濡れになりながらテントを片付ける羽目になってしまった。八時からカヌー館でシャワーが使えるはずなので、着替えを持って行ってみるが、鍵が掛かっている。九時前に職員がやっと出勤。すべて大まかでゆっくりしている。

三分間のコイン・シャワーでサッパリしたところで朝食に出かける。雨の勢いは大したことはないし、流域森林の補水力もしっかりしているので川の水位は変わらないと地元の人が太鼓判を押すし、どうせ濡れることをするのであるから、下っても良いのであるが、青空の映った川とは大違いで、雨の中を下ってもあまり楽しくないので川下りは断念した。

川下の口屋内《くちやない》に『シマムタ共遊国』というのをやっている「平塚」氏という自然人がいると聞いたので、そこを訪ねることにした。川べりの狭い傾斜地に自分でログハウスを建てカヌーで生計を立てている脱サラである。上がり込んでしまい、麦茶のサービスを受けて、三十分あまりカヌー談議にはまり込む。カヌーの神様「野田知佑」氏とは親友の由。結婚祝いに野田氏が置いて行ったというカナディアン・オープンデッキ・カヌー「スワン」を指して、重くて使いにくいので、そのまま置いてあると言う。

結局、中村市まで、ずっと雨に付きまとわれてしまった。高知で有光氏が一席設けてくれたおかげで、生きの良い若い女将の出しっ放しの小気味よい土佐弁をバックグラウンドに心地良い語らいの一時を過ごすことができた。有光氏や土佐出身の同門諸氏の口から、私が今まで耳にしていたのは、岡山弁の混じった共通語の中に時々土佐弁のかけらが混じった程度の物であったと、つくづく感じさせられた。

岡山に帰り着いたのは翌朝午前一時であった。四十四時間にわたる非日常的生活は、楽しい思い出と心地良い疲労感を残して終わった。

高梁川下り

世の中、突然に色々なことが起こるものである。八月十七日（土）午後八時秋岡氏から電話があり、明日空いているかと言う。今、有光氏から電話があり、これから出発してこっちへカヌーをしに来ると言ったということである。半ばあきれつつ、午前九時にＪＲ豪渓駅近くの喫茶「もみじ」で落ち合う約束をした。

有光氏に会って、彼の顔を見るなりビックリした。左の『片目パンダ』である。多少黄味を帯び青朽ちて腫れ上がっている。「これでも目が開くようになったんですよ」と言う。酔っぱらって喧嘩したか、嫁さんに殴られたかのいずれかだろうが、夜中に家を飛び出して来たところをみると後者かと推測しながら事情を尋ねる。

四万十川でうまくいったのに気を良くして、次の日曜日の八月十一日に本山町に行って、吉野川下りを一人でやっていたところ、ひっくり返り、岩で顔面を打撲し、脳振盪で短時間ながらボーッとなって溺れかけたということである。一人でやっていては危ないとつくづく感じたので、やるなら仲間のいる所でと遠出をして来たと言う。大体、やることが無謀である。私が二百回以上乗った後初めて挑戦した四万十川に、怪しげな一回の練習の後すぐに挑戦し、三回目で知らない川を偵察もせずヘルメットも着けずに単独で下るなどは言語道断である。秋岡氏と私の二人がかりで懇々とその非を諭した後、この遠来の仲間を我らが『石庭』に案内し、しばし童心に還っての楽しい川遊びの一時であった。

この時、瀬の通過に際して鮎釣りの釣り人に「済みませんちょっと通らせてもらいます」と声をかけたのであるが、これが幼・小・中・高と同級の『笠原の信ちゃん』であった。懐かしかったので思わず声をかけてしまった。赤いヘルメットを被った派手な邪魔者に、突然流れの中から「オーイ、信ちゃんじゃあねーか！　わしじゃ、別宮じゃ」と声をかけられても、にわかには事態が飲み込めず、迷惑そうな顔をしている。何せ三十年振りである。水辺での数分間の語らいであったが、実に良い拾い物であった。

日々の仕事や雑事から解放され、特別なルールに縛られること無く、日頃忘れてしまっている季節感溢れる風物に接しながら、肩の凝らぬ仲間と好き勝手に、このような非日常的な数時間を過ごすことは、私にとって何物にも代えがたく貴重である。これからのさしあたりの目標は、秋の『高梁川・奥の院下り』である。来年は奥村氏推奨の『江の川下り』と、「本宮」から「新宮」へ「別宮」が下ることになるという私にピッタリの『熊野川カヌーマラソン』への参加を『高梁川ＡＢＣ田舎倶楽部』として予定している。

仲間が徐々に増えていく（1992年）

旭川ダム・カヌーツーリング

昨年は四月二十日からであったが、今年は少し早い四月九日早朝からカヌーを漕ぎ始めた。冬とその前後は休止しているので、十一月に秋岡達郎氏と高梁川を下って以来五カ月ぶりである。毎年のことではあるが、「水は冷たいだろうなぁ」と逡巡しつつ、第一回目を漕ぎ出してしまうまでに数日かかってしまった。誰もいない冷たそうな川へ初めて漕ぎ出して行くまでに気持ちを持っていく過程が大変なストレスであるが、一回やってしまえば後は何でもない。久し振りに漕いでみるとしんどい。静水四キロを三十五分余りで一気に漕いでいたはずが、二キロでやめてしまった。五カ月のブランクは大きいとつくづく思う。今年少し早く漕ぎ始めたのには訳があり、四月十九日（日）の旭川ダムでのカヌー大会『お花見カヌーツーリング in アサヒ』に秋岡達郎氏と川口健太郎氏[註9]と共にエントリーしていたのである。四月十九日に桜があるとはとても思えないが、そんなことはどうでもいい。

(9) 川口健太郎氏（52）藤沢薬品工業（株）大阪支店神戸営業所課長。ファミリー／オートキャンプの達人。写真・ウクレレを楽しむ。

川口氏は四十歳の某社課長でキャンプの達人である。昨年十月末、彼が主催する季節外れのキャンプに参加させてもらい、川原で焚き火を囲んで時を忘れて語り合った時、話がカヌーに及び、元々興味を持っていた彼は断然カヌーをやる気になってしまった。三月にはカヌーを入手したと伝え聞いていた。そこで、手始めに静水のこのイベントに参加してみようということになったわけである。

四月十一日（土）午後四時前、川口氏の特訓のため、高梁川河口近くにある国道二号線「霞橋」の一キロほど上流の河川敷きに三人で集まった。秋岡氏は最近入手した二人乗りの折り畳み式のカヌー（フォールディング・カヤック）を持って来ており、初めて荷を解き、組み立て、ボート部OBの彼の言うやり方で厳かに「進水

「お花見カヌーツーリング in アサヒ」にて
右より川口氏、秋岡氏、著者

式」を挙行し、『高梁川Ⅲ号』と命名した。

ところで、秋岡氏は誰を乗せようとしてこの二人乗りを購入したのか定かではないが、少なくとも私ではないと見た。鈴木健二氏とつるんでいるので、その影響で「小指狙い」かと思われる。どうもキャピキャピギャルをお望みのようであるが、現実は厳しく、「夢のまた夢」のようなことは一向に無いようで、さしあたりは自分の娘で我慢するか、愛犬を乗せて野田知佑氏気取りで寂しさを紛らせており、私も時々犬の代わりを務めている。

川口氏の漕ぎ振りは結構良い線をいっており、静水を行くには不安は無さそうであった。彼は三月の寒い中ウェット・スーツを着て、雨で増水した川を避けてどこかの池で、転覆時の脱出方法に始まる特訓を、購入したカヌー・ショップの人から受けたのだそうで、これには秋岡氏も私も唖然とするばかりであった。

四月十九日（日）朝、前日に続き雨である。大会が行われるのやら中止になるのやら分からないが、三者別ルートでとにかく出かける。建部町辺りで明るくなり、旭町のスタート地点に着いてみると雨はやみ、次第に晴れに変わっていった。瀬戸内海の「ジョーズ騒動」の影響とみえて、海でカヌーに乗るシーカヤッキングの連中もかなり来ており、全体で約百艇が参加しており、艇の種類・大きさ・カラー等ありとあらゆるものが集合しており壮観である。

生活道具一式を積み込んだオープンデッキ・カヌーがいたので話しかけてみると、昨日からここら辺りで生活していると髭モジャの汚い男が言う。「酒があったら言うこと無しじゃなぁ」と言うと、「酒は売るほどあるよ」と見せてくれる。「足らんのは、女だけか」と言うと「それもいるよ」と傍らにいる可愛いグラマーを指す。うらやましい限りである。二人乗りカヤックも何艇かいたが、たいてい若いカップルで、見るのも眩しい。当然ながら前が女で後ろが男である。川口氏はギャラリーは多いほど良いと、家族全員で来ており、彼以外は陸上を伴走するという。この一家の姿が微笑ましかったのか山陽放送のTVカメラに捕えられ放送された。

花火を合図に一斉にスタートし、約十五キロ先のゴールへ向かう。水は実に冷たい。転覆して十分間浸かっていたら身体は動かなくなりそうである。中間点で上陸し、カップラーメンを受け取り食べる。ここで、思いがけずあの若者、一昨年初めて高梁川石庭下りをした時に同行してくれた恩人、玉野の伊藤氏の姿を見つけた。二年振りの再会である。後で知ったことであるが、彼は岡山県の代表的カヌー・スラローマーである。

途中、オシッコのため岸に着けようとするが、ダム湖というのは川原が無く、艇から降りようと脚を踏みしめようとするが、ズブズブと脚が沈んでいく感じでまことに歩きにくいし、従って脚は泥だらけになってしまう。流れが無いので、漕いだだけしか進まないので、漕ぐだけ汗も出る。途中の橋では欄干からロープで籠が水面すれすれに垂らされており、缶ジュースのサービスがあった。皆のんびりとやっているが、秋岡氏と私はどうせ行くなら先頭をと力漕し、誰もタイムを争っていない中で、柵原から来ていた若者二人と四人でトップグループを形成して漕ぎ続け、四艇同時にゴールインした。川口氏はさすがに我々のスピードにはついて来れなかったが、あまり遅くならないうちにゴールに達した。

小休止後、主催者に催促して全員の記念撮影をさせたが、この写真は結局送られて来なかった。百艇のカヌーは壮観であったが、流れの無いダム湖は変化とスリルに乏しく、悪く言えば単調で退屈である。これで天気でも悪かったら、陰気で、ヌーッと湖底から何か出て来そうで不気味であろう。しかし、この時期のイベントとしては結構楽しいものであった。

高梁川下り・高梁〜豪渓秦橋

秋岡氏と二人で五月三日に予定していたが、私の方に緊急手術があり、四日に延期。予定をどうにでも変えられるのもカヌーの取り柄の一つである。

高梁の町中の高梁川をまだ下っていないので、ここを含めて一度下っておこうと、川端町から漕ぎ出したが、水が少なく底を擦るばかりでウンザリである。私が子供の頃遊んだ高梁の川はこんなではなかった。左岸の国道百八十号線の拡張工事ではみ出した道路の幅と同じだけ川の右岸が削り取られ、この時川底が平坦にされてしまった。街外れの「轟橋」(ガラガラばし)

辺りでやっと底を擦らなくなった。ちょっとした瀬を過ぎて「落合橋」をくぐると淀みに入る。流れは右岸に偏り、大きく弧を描きながら速い流れで左に向きを変えつつ成羽川と合流する。「落合」である。川底を見ると高梁川の方が河床が低いのが分かる。

河川は合流すると河床の低い方の川の名前になることになっているのをご存じかな？　ついでながら、一級河川の支流も一級河川である。実地に確かめて納得である。川下に向いて右側の岸を右岸と呼ぶ決まりである。

左岸一帯で土木工事をやっており、流れも少し変えられている。合流後一時淀みとなっているが、流れが左に傾き瀬となって左岸にぶつかり、向きを変えて左岸に沿って瀬となって波を立てている。流れの中に岩が見え隠れしている。秋岡氏がまず突入して行く。数秒遅れて私も突入する。今までで一番タフな瀬であった。バケツで水をブチ掛けられるような水しぶきを浴びながら必死で下る。秋岡氏は岩に乗り上げ、沈したと思ったと言うが、二人とも無事乗り切って、満足気にこの瀬の下で右岸に着ける。ここは先日、川口氏と共

高梁川方谷橋の川下にて。写っているのは秋岡氏。右後は臥牛山

に漕ぎ出した場所である。ここでフォールディング・カヤック（ファルトボート）を組み立て中の若者Aを発見。一緒に下ることになった。部品を一つ忘れて来ているので不完全であるがまあいいだろうと言う。JR備中広瀬駅近くで我々は上陸し、「やじきた」（註・現在のおふくろ亭）で食事を取ることにしたが、彼は先に下ってしまった。

食事の後はいつもの石庭下りである。『石庭』を終えて長い淀みを漕ぎ進んでいると、前方を下って行くカヌーを発見。フォールディング・カヤックであるが、色合いからすると、先ほどの若者Aではない。なかなか追い付けない。水内川原の少し上の右岸寄りに良い瀬があるが、この下の淀みでやっと追い付いた。この若者Bは何度も下っているらしい。この淀みの下の左岸の『中野屋の瀬』（私の勝手な命名。註・中野屋はなくなり今はコ

『中野屋の瀬』を行く若者B

ンビニ）を突破する気かと尋ねてみると「もちろん」と言う。実は、この瀬だけが未通過のまま、我々の課題として残っているのである。鮎解禁になるとあまり幅広くない瀬の両岸に、常に複数の釣り師がおり、流れの難しさと相まって突破できずにいるのである。通過するところを見せてほしいので合図するまで、ここで待っていてくれるように頼んで、急いで瀬の下側の観察に最適の場所に陣取り、つぶさに観察させてもらった。秋岡氏は体調が本調子でないのでと回避の態勢である。それではと彼にカメラを渡し、勇姿をバッチリ撮ってもらうこととする。「このチャンスしか無い」と自分に言い聞かせ、悲壮な決意で突入した。若者と同じコースを取り突破して行く。一瞬、波を被り視野が無くなったと思ったが、瀬を乗り切っていた。大いなる満足感で気分は最高である。さぞや良い写真が撮れているだろうと期待したが、フィルムが終わっており、幻のショットとなってしまった。

若者Bは待ってくれており、以後ずっと一緒に下った。彼は臨床検査会社「福山臨床」の社員で東京営業所へ配置転換になり、当分川下りができなくなるので、出発前に最後の川下りとして、まとめて毎日下っており、明日は広島の太田川を下ると言う。艇内にはウイスキーのボトルを持っており、時々グビグビやりながらのほろ酔いの酒気帯び運転である。

ＪＲ美袋駅より少し下の右岸の大きな川原の所で、初めに出会った若者Aに追い付き、ここからは四艇で相前後しながら下ったが、どうも若者Aの部品不足の艇は調子が悪いらしく、たびたび岸につけては手直しをしているうちに、どんどん遅れていった。後で分かったのであるが、骨格が折れてしまい、船体布にも穴が開き、浸水に悩んでいたのである。豪渓秦橋の手前の左岸に上陸。若者Bはすぐ近くのJR豪渓駅から電車で福山へ帰ると言う。車で来ている若者Aを我々の車で川上の出発点まで送った。

旭川下り・建部町スポーツセンター〜後楽園

五月三十一日（日）晴れ。昨年私だけで飛び入り参加した建部町B&G海洋センター主催の「旭川下りカヌー大会」に、今年も参加しようと担当者に連絡を取り、秋岡氏・有光氏・川口氏と共に参加させてもらえることになっている。売り込み口上は「中年の集団ですが医師が三人いますので、万一の時にはお役に立てると思います」であった。公募はしておらず、参加するのは建部町民のB&G関係者と関係中学生で、実際には、一番危ないのは飛び入りを許された我々自身のはずである。昨年は、小倉橋下の川原が出発地点であったが、今年は距離を延ばして、建部町の一番川上のスポーツセンターから出発することになり、全四十余キロを六区間に分けて、乗り手を交替しながら下るというものである。我々は交替しないで、ずーっと下る予定である。ただし、有光氏が高知に帰る関係から、秋岡・有光両氏は中間の第三区間と第四区間の中継点の「葛城橋」まででやめることにした。参加者や裏方の役割もきちんと決められており、陸上支援隊が複数の車で常時伴走及び先行し、統制のとれた六十人ほどの集団である。

九時から艇庫開き及び開会のセレモニーが行われた後、我々の参加が紹介され、川に漕ぎ出した。今年はクリーン・キャンペーンとかで、主催者の用意した十艇には「旭川をきれいに」の旗が立てられている。ヘルメットを被りライフジャケットに身を固め、旗をたなびかせて水面を下る一団の姿は、鎧兜に身を固め旗竿を差した戦国の騎馬武者の趣があり、並んでいる様はまことに勇壮である。

有光氏はフォールディング・カヤックであるが、秋岡氏も今日はあの二人乗りの折り畳み式を持って来ている。フォールディング・カヤッ

建部町スポーツセンター・B＆G艇庫下
岸の上 右から 有光氏、秋岡氏、川口氏

クは安定性と直進性は良いが、喫水が深く、浅い川では難儀をするのが欠点である。川の水位は比較的低く、この二艇は浅瀬を通過するたびにエネルギーの消耗を強いられ、次第に遅れていった。遂には有光艇は底を擦った時に船体布が破れ、浸水に悩むに至ってしまい、ますます

フォールディング・カヤックの有光哲雄氏

戦国騎馬武者の趣。左端は著者。レンズに水滴あり

喫水が深くなりと悪循環に陥ってしまった。有光氏自身にも疲れが目立ったので、第二区間をスキップして、自身と艇を陸送してもらい、しばし休養・補修して第三区間で復帰することを私が彼にアドバイスしたところ、「それができるのなら、そうさせてもらいたい」と素直に従い艇を降り、ホッとしているようであった。その後、所々で陸上から手を振る有光氏の姿が見えていた。

第二区間の終わりの前に「小倉橋」の上の堰の切れ目の瀬がある。昨年秋岡氏・川口氏と共にこれに突っ込んだ時、私だけ転覆しているので、今回は何としても無事突破しなければならない。陸上支援隊が堰の切れ目の所まで来ていて、ヤァヤァまくし立てている。順次突っ込んで行く。「今日こそは」と緊張したせいか、急に脈拍が速くなったのに気づく。どうということもなく無事突破できた。川口氏も難なく突破した。秋岡氏はフォールディング・カヤックでここを突破するのがどんな感じかというのを楽しみにしていたが、突破してみて「安定しとって、びくともせんでぇ。全然スリルが無《の》ぅて面白味が無《ね》ぇなぁ」と言う。結局、二人ほどここで沈している。

第三区間で復帰した有光氏は元気を取り戻していたが、艇の方の回復はおもわしくなく、やっぱり遅れ気味に経過した。この区間の終わりで秋岡氏と有光氏は予定通り離脱し、あらかじめ「葛城橋」下に置いていた秋岡氏の車で帰途に就いた。秋岡氏の感想は「水深のある所でねぇとおえんでぇ。この辺の川の中流をこれで下るなぁコリゴリじゃぁ」であった。

第四区間は川口氏と二人になったが、今度は川口氏が遅れ始めた。私は区間毎に入れ替ったまだ疲れていない皆と同じペースで漕ぎ下っていたが、遅れている川口氏に気づくと皆で待った。彼がやっと追い付くと出発してしまうので、彼だけ休めないということになり、これまた悪循環である。見ればバテてしまっている。彼に第五区間をスキップするようにアドバイスし、陸送してもらった。

第五区間で乗り込んだ面々はメンバーの中で最もタフな連中で、技術レベルも高く、スピードが俄然速くなった。それでも一人だけ残った私は遅れること無く、むしろ先頭に近く漕ぎ進んだ。「新大原橋」の少し川上に落差の大きい合同堰があり、このバックウォーターの淀みが延々と続いている。流れが無いため、漕いだだけしか進まないので力が要る。川口氏にスキップしてもらったのは正解であったとつくづく思う。工事中の山陽自動車道の橋脚の下をくぐって合同堰に取り付き、これは艇を担いで越えて下に降りた。堰の下の河川敷を艇を担いで歩いていて、なぜか脚を取られて転倒してしまった。怪我はしなかったが、要するに疲れているのである。何しろ朝から昼食の三十分以外漕ぎっ放しなのである。

去年、激しいリーダーの煽りで、清水の舞台から飛び降りるような気持ちにさせられて、突っ込まされて沈した「大原橋」川下の堰の切れ目に来てみると、今年は去年と違って見るからに危険であったが、今年の優しいリーダーが偵察の結果回避と決めたので内心ホッとする。「中原橋」の下で乗り手が交替して第六区間は後楽園までである。川口氏が元気になって復帰した。今度は大人の指導者以外は中学生である。ここでは、市民ゴルフ練習場川下の洗堰を回避する陸上からの援助不要の安全なルートへ、私が皆を誘導した。この区間のハイライトは新幹線橋脚の少し川上の堰の切れ目の中央突破である。見たところ水位が適当で、隠れている五本の鉄の杭に引っ掛かる危険は無い。次々に連なって突っ込み、バスーッという大きな音を発しながら突破して行く。この音を発する時は、速い流れに乗って落ち下り、下で大きな波を船底に受けながら突っ切っている時で、水しぶきを浴びて一瞬視野が無くなり真っ白になるのである。川口氏を含め全員無事突破した。

新幹線に続いて山陽線をくぐると、後楽園手前の左岸に陸上支援隊が先に来て待っている。岸に着けると皆で私の完漕を讃えてくれたのは嬉しかった。建部町のドライブインで皆でラーメンを食べて解散となり、出発点に戻り川口氏と別れた時にはもう薄暗かった。

若者の参加

昨年来、カヌーに興味のある旨秋岡氏を介して聞き及んでいた塩田知己・杉生憲志(註10)両氏から

塩田知己氏。巨漢である

「一度、どんなものか乗せてみてほしい」と要望があったと秋岡氏より連絡があり、艇は色々あったほうが良かろうと川口氏にも連絡して、六月二十日（土）午後三時に高梁川河口近くの「霞橋」上流の例の場所に五人集まったのである。秋岡氏は二艇共持って来ている。秋岡氏が常用している艇には尻のでかい塩田氏は入らないので、コックピットの比較的大きい私の艇に乗せ、杉生氏を秋岡氏常用艇に乗せ、川口氏は自分の艇に乗り、秋岡氏と私は秋岡氏の二人乗りフォールディング・カヤックに乗って漕ぎ出した。

杉生氏はウインドサーフィンの達人だけのことはあり、初めてながら結構うまい。水上でのバランス感覚の良さと水を恐れていないことによるのであろうか、全く転覆しそうにない。彼自身も「ひっくり返るような気がしません」と言う。一方、塩田氏の方は、これが大変で、ちょっと動くとすぐバランスを失いそうになる上、重い体重で艇がよく沈み、胴の薄っぺらの別宮艇

(10) 杉生憲志氏（41）岡山大学医学部脳神経外科医局長。サッカーとウインドサーフィンを能くする。

では、水面上に艇の姿があまり見えないような形になってしまい、さっぱりである。そこで川口氏の艇と交換したところ、船体ボリュームのある川口艇は安定が良く、艇はあまり沈まずで何とかなったが、初心者らしく回転ばかりして直進ができない。川口氏はうまくなったので私の艇に乗った感想を、「船体の上下幅が薄いので波をカットするような感じで、一番シャープに動ける感じがします」と分かったようなことを言う。一時間足らず遊んで切り上げた。杉生氏は艇を持てばすぐに上達し、秋岡氏や私らのとても及ばない高級テクニックを身につけそうである。塩田氏は慣れるのにちょっと時間がかかるかなという感じであった。

岡山・花火大会

七月二十五日（土）午後四時半過ぎ、鶴見橋下まで漕いで行くと、新鶴見橋下の右岸にカヌーを積んだ車が次々に集まって来るのが見えた。何事かと尋ねてみると、カヌーに乗って花火を見ようというのである。誰の企画か尋ねたが、そんなものは特に無く、好きな者が三々五々集まって来ているだけのことだと言う。テーブルや椅子を取り出して、食事の準備が始まった。

一旦帰宅して二時間半後の日暮れ頃、艇内に飲み物と懐中電灯を用意して、私も漕ぎ出した。花火の日はこの一帯は照明で照らされているので、土手の上から水面を見ると暗いようでも、水面にいると実に明るいのには驚いた。打ち上げ場所付近の相生橋の欄干から『進入禁止』のバーが水面上一メートル足らずの所に吊るされており、相生橋と県庁横の可動堰の間を二艇の船外機付きゴムボートに二人ずつ乗った県警機動隊が監視している。ちょっとでもバーのラインを超えるとすぐゴムボートが接近し、拡声器で怒鳴って追っ払っている。可動堰が危険だからだ。レスポンスの速さからすると、万一ここで転覆しても助けてくれそうで安心できる。私がここに到着した時にはまだ数艇のカヌーしかいなかったが、次第に増えて賑やかになっていく。皆バーに取り付いて位置を保っている。私と両隣の初対面同士で三艇並んでパドルを互いに持ち合って艇を一体安定化させ歓談する水上の最前列である。

早くからの場所取りもいらず、花火の音が始まってから漕ぎ出しても、最前列で花火を見ることができるのもカヌーならではである。何よりも素晴らしいのは花火が水面に映る姿で、打ち上げ地点を頂点にした光の扇形のキラメキが、視野の下方辺縁でズーッとこちらに迫って来て、取り込まれるかと思うばかりである。この一瞬に来る『ドーン』がまた堪らなく良い。

川面からの眺め

早朝誰もいない川面でカヌーを漕いでいると、陸上に色々なものを見かける。散歩している老人、ジョギングの中年、自転車で散策の老人、ラジオ体操の集団、並んで走る合宿中の高校生、釣りをしている老人、河川敷でゴルフクラブを振り回している中年、堰の轟音の中でラジカセ持参で振り付きで大声で歌の練習の若者、詩吟の練習の壮年、水辺に住み着いた人のテントのような小屋、色々の水鳥、艇の前方でゴボゴボと水面に波を立てて姿を消す群れた魚など色々であるが、何と言っても感動的なのは微風を受けながら見る朝日である。

夕方漕いでいる時に見かけるものは大分違っているが、休日ということのせいかもしれない。トランペットやサキソフォン等の管楽器を練習している若者、スポーツ・カイトに興じている若者の一団。夏になると多いのは若い男女の水辺での愛の交歓風景。水の側には全く無防備で、接近しても気がつかないのか気にしないのか、丸見えでも中断されることは無い。もっとも私も音を立てないように気を使っているのではあるが。

水着モデル撮影会に出会ったこともある。水辺のモデル四人に群がった男ばかりの中年と初老の集団を傍から眺めると異様である。魂胆が丸見えの感じで、カメラが無かったら、あんな風には若い半裸の女体をシゲシゲとてもよう見ない感じの内気な男ばかりと私には見えた。水際にカヌーを着けてすぐ傍で眺めていると、モデルと目が合ったが、はにかみながら「こいつらを何とかしてよ！」と目が言っていた。「ひょっとしたら」と、ズームの鈴木健二氏の姿を探してみたが、当然ながらと言うべきか見当たらなかった。こんなのも時には一興であるが、常に感動的なのは水面から一人で見るウァーッと赤く染まった夕映えである。

河川敷から声をかけた散策中の中年夫婦は、いくらで全部揃うかと問う。岡山の山岳会の者と名乗ったその人は、「苦しい山登りをしようという若者が少なく、若者を引き付けるためには登山だけではダメで、カヌーとパラグライダーを取り入れようかと考えているところです」と言う。今はそういう時代なのである。

芦田川レガッタ（1993年）

大山信氏企画「江の川・カヌーツーリング」参加者の一部
前列右端から鈴木威氏、著者、中列右から二人目に川口氏、最後列に大山氏

ティピーの中での焚き火を囲んでの酒盛りパーティー。左から大山信氏、松本義夫氏、右端川口氏

「江の川・カヌーツーリング」でのキャンプ。ティピーが見える

アウトドア色々

今年は正月の一月三日からカヌーを漕いでしまった。この日、天気は上々でポカポカと暖かかったのと、後楽園前の鶴見橋下の川原に集まって『漕ぎ初め』をしようという噂を耳にしたので行ってみたわけである。総勢十五人ほどで小学生から五十代までのアウトドア派の男女が車から椅子やテーブルを持ち出して、食べ物や飲み物を作って歓談している。会員百余の個人・家族の『岡山カヌークラブ』所属の人々である。雰囲気が非常に良く、世話をしている細木守氏の人柄も誠実で頼もしく、違和感を感じさせるものが全く無かったので、この場でこのクラブに加入してしまった。後楽園周辺を軽く流しただけではあるが、水は冷たいものの、同好の士と共に行う『漕ぎ初め』というのは、爽やかで実に気分が良いものである。岡山カヌークラブに加入してからは、情報が色々入ってくるようになり、色々なイベントに参加しているうちに顔見知りも随分増えたように思う。

「岡山のカヌーの顔」的存在の大山信氏が企画した四月中旬の『江の川・カヌーツーリング』の時には、島根県邑智町の川原でキャンプしたが、真っ暗闇の中、てっぺんに穴の開いた円錐形のインディアンスタイルの大きなテント『ティピー』の中で、十二人で焚き火を囲んで鍋をつつきながらの酒盛りパーティーの楽しさは忘れられない。ここで知り合った面々にはその後顔を合わす機会が多い。

五十六歳の松本義夫氏は海上自衛隊を定年退

松本義夫氏（左）と共に

幻想的な靄の中を行く

官した物静かで控え目の紳士である。カヌー歴は五年くらいらしい。八月一日に旭川ダム湖での旭町主催『チェリー&レイク・カヌーツーリング』で再会した時に、幻想的な靄の中を艇を並べて漕ぎながら聞いた話によれば、リバーカヤックで吉井川を津山からずーっと下って瀬戸内海に出た後、艇をシーカヤックに換え、無人島でキャンプしながら江田島まで単独で一週間の旅を今年してきたと言う。ビックリさせてくれる。潮流には最も気を遣い、事前に情報収集し、コースとタイミングを選んだと言う。瀬戸内海を漕いでいて一番不安だったのは、大きいにしろ小さいにしろ航行する船舶が、波間に見え隠れする小さな彼の艇の存在を認識してくれているかどうかということだと言う。江田島での同期会に出席の往路がてらであったと聞いて二度ビックリである。それにしても、よくやるものである。五年後に私にこの元気があるだろうかと考えてみるまでもなく、今でさえ私にはこの元気は無い。

玉野市で行われた『渋川カヌー・マラソン』には秋岡達郎氏と共にリバーカヤックで参加したのであるが、川での使用を前提に小回りの効き具合を追求した艇で、直進性と安定性の要求される海に漕ぎ出してみると、波が割合強かったせいもあるが、波に弄ばれる感じで、上下左右に振り回されて効率的な漕ぎができない。沖合遥か彼方に停泊している船を回って来るというものであったが、二人共疲れ果ててしまった。秋岡氏も「海じゃあ、やっぱり、それ用のシーカヤックで波をカットして行かにゃーオエンなあ。もお、コリゴリじゃー」と一致した率直な感想である。

しかし、この日は秋岡氏も私も柄にもなく、なぜか飛び切りのギャルを数名ずつ伴っていたので、レースはともかく、楽しく過ごすことができて満足であった。この時、美女の魔力に吸い寄せられたかの如く忽然と現れ、我々にと言うべきか美女たちにと言うべきか、ピッタリと付いて離れなかった若者がいた。秋岡氏とは面識があったらしいが、倉敷市役所に勤務している好青年である。自分のシーカヤックに我々の美女を次々に乗せ、懸命にサポートして悦に入っている。カヌーに乗り始めて間が無いので技術的にはともかく、かなり本をあさり読んでいるらしく、カヌーについての知識は大したものである。我々としては、ギャルの面倒をよくみてくれるのでありがたいものの、縄張りを荒らさ

マラソン・スタート直後
ゼッケン6：秋岡氏、ゼッケン7：著者、左端：件の若者

れているという意識も無いではなく、複雑なものがあったというのが正直なところである。『高梁川田舎倶楽部』としては、高梁川を秋岡達郎・塩田知己両氏と共に下っている。安定性の良い艇に乗っている塩田氏は、それまでは転覆せずに済んでいたが、『石庭』のなんでもない所で、水面下の浅い所に潜んだ岩に乗り上げ、アッと言う間に転覆してしまった。塩田氏も遂に『沈』の洗礼を受けたのである。また、某社課長の川口健太郎氏とは旭川下りを楽しんでいる。しかし、いつも半濡れの汚い格好をして、橋の下で飯を食べているばかりではない。

『高梁川田舎倶楽部』の文化行事として五月十六日には、秋岡・川口両氏と共に岡山シンフォニーホールでの『ホルストシュタイン指揮バンベルグ交響楽団演奏会』を聴きに行っているのである。秋岡氏は「異文化に触れた感じがする。さすがにドイツ人のエネルギーはすげぇ」と、音楽そのモノからはかなり遠い辺りでの感想を述べ、普段ジャズしか聴かない私は「時にはクラシックも良《え》ぇけぇど、気楽に振る舞えんので窮屈でおえんし、眠たかったでぇ」とイマイチの感想。十分に堪能したのはクラシックファンの川口氏一人であった。一方、昼間は『建部町B&G』の連中に私一人だけ交じって『旭川下り』を楽しみ、夜は岡山シンフォニーホールで、十人のジャズピアニストによるコンサート『一〇〇・ゴールド・フィンガーズ』を堪能した五月末の一日は歓喜と陶酔の極みであった。

　今年は異常気象のお陰を被り、特に夏に川を下るチャンスが無かった。やっと晴れても川は増水して濁流である。川の様相が和らぐにはさらに数日を要するわけで、この間にまた降って……という繰り返しであった。八月末、待ちに待った晴れた日曜日。秋岡氏と二人で例の豪渓駅近くの「もみじ」で落ち合い、どこを下るか検討した結果、初めての『成羽川下り』を行うことになった。高梁川との合流点の高梁市落合まで下ろうという計画である。

高梁川沿いの百八十号線を車で遡って行くと、カヌーが下って行くのが次々に目に付く。皆待ちかねていたのであろう。ゴムボートのグループもいる。鮎の釣り師もいるが大した数ではない。水位も申し分ない。ところが、成羽川に回ってみると釣り師が多いのには参ってしまった。成羽町内で秋岡邸の裏辺りで川に降り、「ちょうどこの真正面の山の中腹に親父の墓があって、こっちゅう向ぃて建っとるんですらぁ」と秋岡氏が漏らす場所から下り始めた。今年始め亡くなった『秋岡竹郎氏追悼の成羽川下り』である。釣り師をかわしながら、釣り竿の動きにタイミングを合わせながら、ルートを選んで下らざるを得ない。瀬が右に向き、岸にぶつかった流れが反転して左に向きを変えているところで岩が流れの中にあり、ヒヤリとしながら私は岩すれすれを通過したが、秋岡氏はこの岩に乗り上げ『沈』してしまった。パドルと履き物を片足流し、裏返った艇につかまって流れている。こういう時は一人ではどうしようもなく、流れた物は相棒が回収しなくてはいけない。「二人共同時に沈してパドルを流したらどうなるか」について、この場でディスカッションしたが明快な結論は得られていない。しかし、まあ、パドルを追って泳ぐしかなかろう。

成羽川のそばで一生を送った秋岡竹郎氏の長い闘病生活の最期、望みを叶えてやろうと長男・達郎氏が「お父さん、何か食いてぇもんがありゃあ、言うてみぃ」と問うたのに対して、やっと聴き取れる声で「成羽川の鮎の『うるか』が食いてぇ」と答えたと言う。臓物の塩漬けのことである。達郎氏は時季的に入手不可能とは思いつつも、八方手を尽くして探した。運よく手に入ったので、食べさせたところ「何《なん》も食べょうとせなんだ親父が、『うるか』ぁ口ぃ入れてやったら、モグモグさせてゴックンとやって『旨めえ』言うたでぇ！」と秋岡氏の目が潤む。これを契機に一時持ち直したそうである。この日、成羽川で秋岡氏が『沈』し、鮎のように泳いだのは実に良かった。

芦田川レガッタ奮戦記

さて、カヌーからは話がそれるが、広島県福山市の芦田川河口湖で、毎年「市民レガッタ」が開催されており、今年は第十一回目となる。八月八日（日）開催のこの『芦田川レガッタ』に、岡山大学医学部ボート部主催「鹿田レガッタ」の「医局対抗・シニアの部」で何年もずーっと優勝を続けている鈴木健二氏を頭とする「高齢者クルー」で参加してみたら面白いのではないかと、ムシャクシャすることが多く、悶々としている中、ふと軽い気持ちで思い立ったのである。

優勝とはいっても、これまでのは、競う相手の無い独漕で、とにかくナックル・フォアで三百メートル漕いでゴールさえすれば良いとか、「独漕で優勝とはケシカラン」と、その場で俄に掻き集めたメンバーで挑んで来た第一外科が相手とかの、下らないと言ったら語弊があるが、マァそんな感じのレースばかりであったので、不完全燃焼と言うか、燃え尽きていないと言うか、楽ではあるが何となくスッキリしない気分が常に残るものであったわけである。

芦田川河口湖は、一九七〇年代の末頃に襲った「大渇水禍」後、工業用水確保のため電光石火建設された河口堰によってできたものである。

芦田川レガッタにて（左より秋岡氏、塩田氏、鈴木氏、著者、浅利氏）

芦田川レガッタ（1993年）

河川敷が整備され、ここはボートコースとして打って付けであると目をつけた地元の賢者たちが組織を作り、芦田川レガッタを開催して今年で十一回になる。橋の下をくぐることなく国際レース級二千メートルのコースがとれること、河川敷が整備されており両岸から観覧できること、駐車スペースが十分あること、街にも新幹線の駅にも高速道路の出入り口にも近いこと等、素人の私が考えてみても、日本有数のボートコースになる要件を備えている。ここが一九九四年十月の『広島アジア競技大会』のボート競技会場に決まり、艇庫・研修センター・観覧席・水際等が整備され、河口湖は浚渫され水深が二メートル半に均一化されている由である。

さて、まずボート部ＯＢの秋岡氏に電話で「話の種にアジア大会のコースで漕いで優勝し

広島アジア大会ボート会場として

芦田川レガッタでのスナップ写真。定番のカンバン。参加クルー名が列記されている

優勝の喜び！

芦田川レガッタにて。国立福山病院は毎年大量参加し、優勝したことも何度かある。この娘らは強かった

てみんかな」と打診してみる。「そりゃぁ、面白そうですなぁ。是非やりましょう。とにかく、鈴木の親分の意向をまず聞いてからでねぇと」と彼が鈴木健二氏に連絡を取り「鈴木の親分は大乗り気で、早速『走り込み』ゅう始めたでぇ」の報が入ってきた。こうなれば楽なもので、後は秋岡氏が連絡を取り、浅利正二助教授(註11)・塩田知己氏の両ボート部OBと補欠として古田知久講師(註12)が参加OKとなった。私と大学同期であるが、最年長の鈴木健二氏（五十三歳）に敬意を払い、私の独断でクルー名を『スズキ・カンパニー』として、国立福山病院の九クルーと共にエントリーした。

この大会の規模はここ数年参加総数九十クルーほどで、男子Ⅰ部三十、Ⅱ部三十、女子三十ぐらいからなっている。Ⅰ部は現役ボート部やOBクルーとかⅡ部での過去の優勝クルー等を中心に主催者が強そうだと考えたクルーで、Ⅱ部は素人クルーとか初参加クルーとかである。で、過去の大会の様相から、我々の力量からすればⅡ部での優勝が狙えるのではないかというのが私の「獲らぬ狸の皮算用」である。秋岡氏は疑問視したが、鈴木氏は信じてくれ、陸上でのトレーニングに励んでくれたはずである。秋岡氏が危惧を感じたのは、秋岡氏以外全員が今

⑾ 浅利正二氏（61）岡山大学医学部保健学科教授。岡山大学医学部ボート部部長。手品を能くする。美声の持ち主で、卓越した話術は逸品。

⑿ 古田知久氏（53）吉備国際大学社会福祉学部教授。バレーボールを能くする。趣味はオートバイ。酒は日本酒。

までバウ・サイドで漕いでいたということである。ボート部OBの浅利氏・塩田氏は身体がバウ・サイド用にでき上がってしまっていてストローク・サイドには変わり得ないので、「鈴木の親分にゃぁ悪《わ》りぃけぇど、素人の親分に2番に回ってもらうんが無難たぁ思うんじゃけぇどなぁ」と秋岡氏が電話の向こうで考え込んでいる。

レース数日前に送られてきていた「出漕案内」によれば、我々は予選第1レース4レーン出漕で、七時五十分乗艇、八時三十分スタートである。開会式は八時からなので、これには参加できない。予想外であったのは、男子Ⅰ部九クルー、Ⅱ部五十四クルーという振り分けである。従来、半々に振り分けてあったので、優勝の可能性を描いていたのであるが、これではⅡ部に相当強いクルーが交じっていることになる。秋岡氏の危惧が急に真実味を帯びてくる。どんなクルーなのか内容が知りたいが、当日プログラムを貰わないと分からない。

鈴木氏の意気込みは相当なもので、真夜中に電話をかけてきて会場までの道順を微に入り細に入り一時間にわたって問いただし、挙げ句の果てにはレース前日の土曜日には午後から下見まですると言いだす始末。「そこまでしなくても」と言ってはおいたのであるが、レース前夜半に電話をかけてきて、下見してきたと言う。この時、つい「ストレスをかけるようで悪《わ》りぃけぇど」と秋岡氏の危惧と対策を伝えてしまったのが悪かった。途端に「素人のわしに、そねんことができるもんか。ああ、わしゃあ、もお、おえん。もお、寝れん。下痢じゃあ！」と、わめき出す。彼独特の表現様式ではあるが、これは驚きであった。「わしゃあ、あんたは、もっと大ざっぱな人かと思ぉとったのに、でぇれぇ繊細なんじゃゃなあ！」と言うが、否定してこない。人は見かけによらないものである。

国立福山病院は素人の私の扇動で例年十数クルー参加しているが、今年は例年より少なく九クルーである。私が煽っている立場上、少し早目の七時半に会場に行ってみたが、国立福山病院の者はまだ誰も来ていない。見回してみると、ゴアテックスのランナー用のブルーの派手な出で立ちで、脂肪の取れた精悍な壮年ランナーの風体の鈴木氏の姿が見える。顔を合わすや、「おい、テントがあると聞いとったのに、まだねぇぞ。どおなっとんなら。いかんじゃないか」と昨夜とは別人のトーンである。「昨日から縄を張って場所は取ってあるんじゃけぇど、まあ、その内に建てるけぇ」と親分には逆らわない私。

そうこうするうちに『スズキ・カンパニー』の面々が次々に到着し勢揃いし、受け付けを済ませた。プログラムを手にして対戦相手を探っていた塩田氏が声を上げ、「こりゃあ、『どんべえ』が断然勝ちますよ！」と言う。若手の岡山大学医学部ボート部OBがエントリーされているると言う。プロフィール欄では「最強のクルー」と豪語している。他の4クルーは何者かはよく分からない。予選は6パイ・レースの1パイ上がりである。暗い雰囲気になってくる。予選を通過できないなどということを私は全く考えていなかったのである。鈴木氏は「聞いとった話と、えろぉ違うのお」と私を睨む。鈴木氏は下痢のせいか睡眠不足のせいか予選には出ず休養を取ることとし、C《コックス》別宮・S《ストローク》秋岡・3塩田・2古田・B《バウ》浅利で乗り込んで、三百メートルのレースに漕ぎ出した。

ヨーイ、ゴー！　スタート直後から向こうの方で『どんべえ』が飛び出し、グングン差をつけていく。他にも速いのがいる。気がつくと三位。どうにもならない。そのままゴール。一同ガックリしてしばらくは声が出ない。「こりゃあ、レベルが高いでぇ」「敗復でせいぜいガンバローでぇ」と互いに慰め合うようなことになってしまった。

ところが、艇を降りたところで塩田氏は『どんべえ』のクルーの面々を確認し、急に激怒し始めたのである。実際のクルーメンバーはエントリーされているメンバーとは大幅に異なり、岡大医学部の現役のボート部員であるという。「あいつらの態度は許せない。精神構造が理解できない」「あいつらは現役の岡大医学部のボート部員ですよ。西日本医学生体育大会で敗けて、この間帰ってきたばかりです。こんな所で勝って、うさ晴らしをしようなどは、絶対に許せない！」と手が付けられない。「初めはこんなメンバーになるはずではなかったが、エスカレートして、こうなってしまった」と某氏が弁解していたと言う。塩田氏は大声で「おめぇらぁ、許せん！　こねーな所で勝って、どうしよう言うんなら！」と怒鳴る。客観的に見て『どんべえ』はI部で戦うべきであった。これには日本医大、関西高校、全日本OBなどが出ており、ここで戦えばフェアであったと思われる。

そんなことを言っている場合ではないのである。我々は優勝するつもりで臨み、今や敗復で勝てるかどうか危うい立場となってしまった。「オメーの話たぁ全然違うがな。ええのええの言うて乗せてしもうて！」と鈴木氏の私への抗議に、無言ながら皆「そうだ、そうだ」と同意のポーズ。「Ⅰ部とⅡ部の振り分け方が今年は突然変わったけぇのぉ」と私。これから後の予選レースが第1レースと同じレベルとすれば大変なことであるが、どうも私にはそんなはずは無いという思いがあった。

第2レースがスタートした。皆でじっと見ていたが、「ありゃあ何《なん》なら！　全部下手などぉ！あねぇなんなら軽く勝てらぁ！」とにわかに雰囲気が明るくなる。その後の予選はどのレースにも強いのはほとんどいなかったので、発表された予選タイムによれば我々は五十四クルー中第五位であった。第1レースの我々を含む上位三クルーが五位以内に含まれていたというわけである。

デーンと腰を据えてプログラムを詳細に見ていた浅利氏が、「予選二位の中、タイムの上位2クルーは準決勝へ」という細目を見つけ出し「これによれば、敗復無しで準決勝へ行けることになりますねぇ」と言う。「なるほど」と一同頷いたが、「じゃけぇど、我々は三位どぉ」と私。古田氏は「でも、他の二位よりタイムが良いのですから大丈夫でしょう」などとディスカッションが続く。結局、我々は敗復無しで準決勝進出と発表された。組み合わせを作った漕艇協会の人に尋ねたところ、「どういうクルーなのか、全く情報が無いので分からないものですから、たまたまあんな組み合わせになったんです。特に意図して集めたわけではないんです。どうもすみません」という返事であった。

準決勝は古田氏に代わって鈴木氏が2番に乗り込んで漕ぎ出した。2ハイ上がりであるから二位を確保しなければならない。スタートした。速いのがいる。二百メートル辺りで三位。このままではこれで終わりである。優勝を狙って参加したのに、このままでは泣くに泣けない。ラスト・スパートを二百二十メートルで入れる。これが効いたのである。ゴール前の観衆の目の前でグイグイと二位との差をつめていき、遂に抜いてしまった。決勝進出である。テントに戻ると「先生、スゴイ！　目の前でグングン抜いて行って、カッコヨカッタ！」と黄色い声が目を潤ませて身を寄せてくる雰囲気である。古来「全力投入する男の姿は女心をゆさぶる」といわれるのは本当だ。

決勝進出クルーの顔ぶれを見ると、考えて見れば当然なのだが、6クルー中3クルーが予選第1レースのクルーである。「こりゃあ、予選の蒸し返しみてぇなもんじゃなぁ」と秋岡氏。今回も準決勝と同じ五人が乗り込んだ。スタート位置に着くが、なかなか各艇一列に揃わない。風が少々あり艇首が左へ左へと寄り気味である。これに対し、2番の鈴木氏に「チョイチョイ・

ロー」を時々やってもらっていたのである。「各艇いいか？」。この時ちょうど良い方向にあったが、「ヨーイ」までにちょっと間があり、この間に艇首がかなり左へ向いてしまった。そこで「2番チョイチョイ・ロー」。「ヨーイ」がかかっても、まだ戻っていない。「ゴーッ！」。懸命に漕いだが、最初の一本2番の動きが間に合わない。その分出遅れた。『どんべえ』が優勝、『スズキ・カンパニー』は五位、関西高校ボート部Bクルーが僅差で六位。結局、予選タイム順の結果となったのである。

ゴール後、「チョイチョイ・ローのままのスタートは素人のわしにゃぁできんでぇ。慌ててしまわぁ。マイッタ、マイッタ」と鈴木氏。「そういう時には、コックスはサッと手を挙げて、待ってもらうんですよ」と浅利氏。「今までは浅利先生にやってもらうことしか無かったけぇ、そのままスタートできとったけぇど、素人の鈴木先生にゃぁ、そりゃぁ難しいなあ」と秋岡氏。「いやぁ、手を挙げたら良《え》えたぁ、思いつかなんだなぁ。スイマセン。で、もしスタートがきちんとできとったら、どうなっとったじゃろぉか？」と私。「五位が四位になれた可能性はあるかもしれません」と浅利氏。「せぇじゃけぇど、三位ということはあり得んでぇ」と秋岡氏。「この年齢構成と他のクルーの力量から考えて、五十四クルー中五位というのは奇蹟的なことで、これ以上は無理ですよ」と塩田氏が総括してくれた。ちなみに、鈴木氏は参加者中の最高齢者であり、『スズキ・カンバニー』は最高齢クルーで平均年齢は予選四十四・四歳、準決勝・

決勝四十六・二歳であった。

「イヤー、今日は久し振りに一日に三レースを漕いで、楽しませてもらいました」と浅利氏。「やっぱり、レースはこれでねぇといけん。勝敗の見えとるようなレースを一漕ぎして優勝しても、面白味が無《ね》ぇ」と秋岡氏。「来年もやろうで」と鈴木氏。「ずっと続けましょう」と古田氏。「別宮先生が連れて来たあのクルーは巧《うま》すぎるから、来年はI部で漕いで貰《もら》わにゃぁいけませんなぁ」と、主催者側の誰かが言ったとか。過大なお世辞である。でも、それでは困るのである。なぜなら、我々の優勝のチャンスが全く無くなってしまうことになるからである。II部こそ、我々の活躍の場なのだ！

【追記】一九九三年九月二十八日、日本漕艇協会は「芦田川河口湖ボートコース」を国際大会を開催できる「A級ボートコース」として認定した。これはオリンピック・ボートコースの埼玉県戸田市戸田ボートコースに次いで日本で二番目である。

牡丹鍋・江の川下り・可愛い娘連れの川下り（1994年）

牡丹鍋

高梁川田舎倶楽部の塩田知己氏が、ワニがいるという噂のミシシッピ河流域へ今年一月に留学した。これに先立つ一月四日、塩田氏が彼の艇を私の所に持って来て、留守中ただ置いておいても仕方がないので、預かって好きに使ってくれと言い、一切の装備と共に置いて行ってしまった。彼の地ではカヌーに乗ってワニ釣りをしてみたいなどと言っていたが、無事の生還を祈るのみである。

秋岡達郎氏から電話があり「塩田氏の壮行会をしょうと思うんじゃけぇど、夜巷でやるんもえーけーど、我々流に、此の寒《さ》みぃ中、川原で鍋でも囲んでやるんも、えーんじゃぁねぇ?」と妙案が出、それは面白いということになった。いつもの仲間で某社課長の「キャンプの達人」川口健太郎氏にも声をかけ、一月九日（日）に後楽園脇の旭川河畔・鶴見橋川上側の河川敷と決めたのであるが、肝腎の塩田氏は出発直前で暇が無いという事情で参加できないと判明したが、塩田氏抜きでもやろうということになり、カヌーも持って集まり「漕ぎ初め」もしようという趣向である。

一月九日（日）。天気は上々。朝十時頃から集まった。我々のレガシー・ツーリングワゴン三台とビッグホーンとアフリカ仕様ランドクルーザーの計五台が並ぶ。秋岡氏が友人を二人連れて来ている。岡山県立高梁高等学校での秋岡氏の同期生である。その内の一人、中川紀美雄氏は岡山理科大学工学部教授で「鮎釣りの専門家」である。川の複雑な流れと鮎の動きを怪しげな数式に仕立て上げて計算し、大きな釣果を上げたり、竿を取り付けたラジコンの船で鮎を釣ったりの傑物であると、まことしやかに秋岡氏が以前話していた人物である。もう一人は田辺義典氏で、こちらは「渓流釣りの専門家」である。彼の車たるや、どこででも衣・食・住が事足りるだけの装備と釣り具が、工夫して組み込んだ自作の棚にギッチリと詰め込まれており、壮観である。

中川紀美雄氏（左）と田辺義典氏の二大釣り人

　秋岡氏によれば、「今日のテーマぁ、川で出会《であ》ゃぁ互《たげ》ぇに敵対《てきて》ぇ関係になってしまう釣り師とカヌーイストが、でぇだけ相手《あいてょ》を理解《りけ》ぇして互《たげ》ぇの融和ぁ計れるかじゃなぁ」である。川を下っていて釣り師に出くわすと、彼らを刺激しないように最大限の配慮をしているつもりであるが、彼らにこちらの誠意が伝わることは少ない。何もこちらから仕掛けているわけではないが、釣り師側が戦闘的態度に出ることが多いので、こちらもつい構えてしまうのである。相手が格別悪いことをしているわけではなくても、存在すること自体が気に入らない、視野の端にでも見えるだけでイライラしたり腹が立つといったことは、凡人なら誰しも体験した憶えのある理屈を超越した感情ではある。

秋岡氏が間に立って皆が紹介された後、彼が郷里の成羽で手に入れたという猪の肉を肴の昼間の酒宴の準備に掛かったが、秋岡氏がこれに専従となってしまい、他は適宜交替でカヌーで遊ぶという形になった。

真冬とはいえ晴れ上がって風も無く日差しが暖かい。しかしながら、水は当然ながら冷たい。釣り師二人にカヌーに乗ってみないかと三人で勧めたところ、やってみようと言うではないか。ひっくり返ることを内心期待するなどという不謹慎な気持ちは無かったと神に誓って断言できる。しかし、乗るからには何よりもまず転覆した時の脱出方法から教えておかないと、この冷水の中でマゴマゴしていたら溺れ死んでしまう。一番安定していて転覆の危険の少ない塩田艇と、次に安定感のある川口艇を二人に提供した。艇の安定性と操作性は相反することで、世の中何事によらずそうであるが、安定しているということは小回りが利かないということであり、小回りが利くということは安定が悪いということである。

さすがに水に親しんでいるだけのことはあり、釣り師二人は水を恐れないので、水上での不安定に対する過剰反応によるグラッキも少なく、転覆もせず、あの歳にしては比較的早くグルグル回りから脱却して直進まがいを進むようになったのは驚きであった。

缶ビールを手に、必ずしも旨いとは言えぬ『牡丹鍋』を話の種につつきながらの真冬の川原での取り止めのない歓談、これまた楽し！　鮎釣り師・中川氏は総括して曰く、「釣りゅぅしょおるよりゃぁ、カヌーぅ漕いどる方が健康的じゃなあ」。日頃「今度川でカヌーに出会《お》うたら、石ゅうぶつけて転覆させちゃる！」と怒りを露にしている彼に、こう言わしめたのであるから、この日の集いの成果は十分であった。

後日、秋岡氏から寒中見舞いの葉書が来た。例によって漢詩まがいの力作である。

後楽園外旭川初漕
　旭川寒流漕軽舟
　烏城孤影冴碧空
　艇友岸囲牡丹鍋
　春風猶未吹備州
　　平成六年玄冬　　秋岡　達郎

江の川下り

昨年、某運動具店主催の「江の川カヌー・ツーリング」に川口氏と共に参加した時の感動忘れ難く、機会あればまた行ってみたいと常々思っていた。島根県の大和村主催の村興しイベントの一つとして『江の川カヌー・リバー・ツーリング』というのがあるのを偶然雑誌で見つけ、要綱を取り寄せ検討する。上級者・中級者対象で申し込み先着百五十人受け付け予定とある。下る区間は憧れの難関『ニコセの瀬』を含む江の川下りのハイライト部分である。野田知佑氏の名著『日本の川を旅する』の「江の川」のここの部分を読み返してみる。昨年この区間を凄いなあと思いながら道路から十分偵察をしているので川の様態が眼に浮かぶ。

問題は客観的に見て我々ははたして「中級」だろうかという点である。激しい流れに耐えられるか不安がよぎるが、やり始めたばかりの人を初級とすれば「中級の上」ぐらいかと自己評価して慰めとする。昨年下った時は参加メンバーに初心者もいたので、もっと川下の邑智町「カヌー博物館」の川原から漕ぎ出しており、楽な川下りであったのを思い出し、自信を持つ。遠いので前夜は川原でキャンプとなる。「キャンプの達人」川口氏も絶対参加すると言うので心強い。

五月二十一日（土）。江の川沿いに川を偵察しながら指定された集合場所に昼前到着。他のイベントで人出があり、ごった返している。受付のある川原に下りたのはいいが、受付らしい物は見当たらない。マラソン・カヌー・自転車と繋ぐ駅伝が行われており、ここがマラソンからカヌーへの中継点で、最終チームが通過するまで川原への車の出入りが止められ、二時まで車を動かせないと知らされる。

それらしい人を捕まえて尋ねてみると受付はこれから作ると言い、参加者は予想外に集まらず十五艇のみで、主催者側のリーダーやレスキュー要員や地元のサクラで十艇加わり計二十五艇となったと言う。実は百五十艇も集めてどう対処するのか多少疑問を感じていたので、「ナーンナァ、大風呂敷ゅぅ広げやがってから」と思う一方、「これが適正規模で正解」という安心感があったのは不思議である。関係者は、昨年秋にやった時には百艇集まったが、今回は鮎解禁直前であるため、釣り師を気にせず川下りができる最後のチャンスな

大和村主催江の川カヌーツーリング。前夜祭で「石見神楽」の衣装を着せてもらった。

ので、どの川でもそれぞれのカヌー・クラブでイベントが計画されていることに考えが及ばなかったと反省していた。今年の秋にはまたやるので、今度こそ百五十艇集めるから是非来てくれと懇願されたが、計画された九月十一日のイベントは渇水のため中止されてしまった。

予定区間の続きの川上の部分五キロほども素晴らしく、この区間も計画に加えてほしいのであるが、隣の広島県作木村の中であり県境も越えているという事情があるとみえ、自治体区域内だけのことにしようとしている。この部分もこの機会に我々だけでこれから下ってみようと、車の置き場所等の情報を主催者から探ってみる。はっきりとは言わないが、島根県大和村の行事の参加者が隣の広島県作木村の中を、それと分かるかっこうで無断駐車をしたりウロウロされては困ると言いたげであった。

作木村の川向こうの島根県羽須美村は問題無さそうと判断し、ここに車を置いて川口氏と二人だけで漕ぎ出した。今まで慣れ親しんだ高梁川や旭川と違い、流れが豪快で瀬が大きく長い。その上変化に富んだ瀬が次々に現れ、声を上げながら歓喜の連続である。取り立てて難しいと言うほどではないが、何しろ豪快で川下りの醍醐味を満喫できる。一時間ほどで明朝の出発地点に到着した。短時間の川下りながら、心の底から面白かったという思いに浸り、大満足である。

川原にテント村ができている。どう見ても参加者の数よりもテントの数が多いと思ったら、羽須美村のイベント企画会社兼カヌー・ショップ「ノア」主催「江の川を源流から河口まで二週間かけてカヌーで下る」という企画の関係者・仲間の一団がたまたま今日ここに来て陣を張っていると判明。日暮れを合図にバーベキューによる参加者・主催者の懇親会が始まる。露天で焚き火を囲み、ほろ酔い気分で同好の士との歓談、これがたまらない。川口氏も私もかなり呑んでロレロレに近くなってしまった。

焚き火以外は真っ暗になった頃、隣に陣取っているノアの連中からお誘いの声がかかった。「江の川の生物」というテーマでスライドとプロジェクションTVを使って地元研究家が話をするので聞きに来ないかと言う。江の川の水中生物と鳥について、江の川の川原に転がって良い気分で話を聞く、これまた感激！　話の内容なんか何にも記憶に残っていないが、感動の記憶だけは大きい。

このグループの輪の中心人物の顔をどこかで見たことがあると思っていたら、何と大物カヌーイスト・冒険家の堀田貴之氏であった。彼が締めくくりのスピーチをした後、彼と並んで焚き火を囲んでしばし語り合ったが、気持ちの良い三十八歳の冒険家であった。川口氏が撮ってくれた彼とのツーショットを見るたびにこの日の感動の数々が思い出される。

翌朝八時前頃から、スゴイと思うが、華やかに塗装され Daiwa Canoe と大きな字の入ったカヌー運搬専用トラックにカヌー全部を積み込んでしまった。どだい、こんな車を村が持っているというのが驚きに値する。リバーカヤックも良い艇をたくさん持っているのを見かけた。「カヌーの里」の看板を掲げた川下隣の邑智町といい、カヌー運搬専用トラックを持つこの大和村といい、カヌー・ショップのある川上向かいの羽須美村といい、江の川中流沿いの島根県の過疎の町村が、安上がりで環境破壊皆無のカヌーにいかに入れ込んでいるかがよく現れている。さて、人間の方は町のマイクロバスに乗り込み、大和村と作木村の境界のスタート地点に移動して出発である。海用の艇シーカヤック四艇、オープンデッキで二人漕ぎのカナディアンカヌー二艇（一艇は子供二人連れの夫婦）、折り畳み式のファルトボート二艇、後の艇はすべてプラスチックの一人乗りリバーカヤックである。

昨日同様、豪快な流れを楽しみながら下って行く。次々に現れる瀬にすべて名前が付けられている。『おとなしの瀬』などともっともらしく瀞場にまで名が付いている。今

堀田貴之氏（右から二人目）と共に。左から二人目が川口氏、右端が著者

日の主役は何と言ってもコース終末にある中国地方随一の大河・江の川の難関『ニコセの瀬』である。ニコセほどではないが上級カヌーイストには有名で、水量によってはニコセ以上の難関といわれる『ブタ小屋の瀬』というのがある。「この先の瀬がブタだ」とリーダーの合図。なるほど両岸の川原が無くなり、急逡な山が両側からグッと接近して狭くなっている。適当間隔を置いて順次突入して行く。突入するまで瀬の状況がよく見えない。激しい波高の波が続き、水しぶきを正面から顔面に受けながらも無事突破した。川口氏も無事突破。子連れでない方のカナディアンを含む数艇が転覆。転覆艇が体勢を立て直すまでの時間を利用して、瀬を遡りながら瀬遊びをしている上級者につられて、私も同じようにやっていたところ、横から大波を食

難関「ニコセの瀬」を偵察中の参加者たち

らいあえなく沈。江の川の洗礼を受けた。ウェットスーツにライフジャケットにヘルメット、メガネバンドに耳栓で固めているのでどうということはない。見上げてみると、なるほど左岸の高い位置にブタ小屋らしい建物がある。

途中一回上陸して休憩を取っただけで、どんどん快適に下った。ついに『ニコセの瀬』である。これを突破したらすぐゴールである。川上側で全員一斉に上陸して偵察をする。開けた場所で川幅の広い中で主水路が急に左に曲がっている。ここで落差の大きい瀬となり左岸にぶつかる。次いで落差を伴って直角に右折して左岸に沿って流れ、この下にもう一つ瀬が続いているという三段構えの二百メートルほどの落差の大きい距離の長い大きな瀬である。野田知佑氏著『日本の川を旅する』によれば、「ニコセ」は「荷越せ」で、昔荷船が荷を積んだままこの瀬を通過できず、一旦荷を降ろして空船にして通し、瀬の下でまた積み込んだという。これは私見であるが、「ニコセの瀬」は『荷越せぬ瀬』の「ぬ」が弱音のため「の」と聞き誤られ語り伝えられたというのはどうだろう。昨夜堀田氏と歓談した時に、彼らもここを二人漕ぎカナディアン四艇で通過したが二艇転覆したと言い、恐らく我々も半分以上転覆することになると思うが、カヤックの方が突破はし易いだろうから、絶好の瀬なので是非チャレンジするよう勧めていた。

さて、よく観察してみると、入り口のすぐ後ろの水中に大きな隠れ岩があり波を複雑にしている。各々どこからどう入ってどうルートを採ったらいいか算段する。地元の上級者・レスキュー要員が模範演技を示してくれる。なるほどああ採るのかと頷く。次々と模範演技が続くが、それぞれ採り方が違い見れば見るほど混乱してくる。関係者は瀬に突入後それぞれレスキューのための位置を固めている。

いよいよ参加者の突入が始まった。シーカヤックは全滅。ファルトボートが沈。若者二人のカナディアンも沈。上級の若者はさすがに巧《うま》くこなす。川口氏が何とか突破。ここまで見て私も準備にかかる。漕ぎ出してみると前に二艇タイミング待ちをしている。子連れのカナディアンは回避と決めて緩流路を求めて去って行くのが見える。それが正解だ。前の二人の姿が無くなった。いよいよ出番だ。入り口に接近していく。困ったことに落差が大きいため、瀬の中の様子が全く見えない。落ち始める寸前のジェット・コースターの先頭座席にいるようなものだ。従って瀬に対する自分の位置がよく分からない。瀬の様子を前提に立てたルート採りプランが役に立たない。模範演技が様々であったのはこのためだと分かったがもう遅い。瀬の中が見えた。悪い位置ではないと思ったとたん瀬に突入してしまい、ルートもクソもない。大波に揉まれ、水しぶきを脳天から浴び、視野が真っ白に途切れながらも、うまくバランスを取り突破した。私の後から突入した艇も半分近く沈している。突破できた嬉しさがこみ上げてくる。私にはこの瀬はこういう機会でないと、とても突入できるものではない。めったに無いチャンスをものにした最高の一日であった。私はこの日で一皮むけたように感じる。このあと瀬の見え方が確かに変わってきたのである。

「助けてー！」

左から川口氏、秋岡氏、著者

女連れの川下り、これまた楽し！

去年の海水浴場での「渋川カヌー・マラソン」に娘のようなギャル三人を連れて行ったのがきっかけで、その後塩田艇やゴムボートを使って、

郷里へ帰るナース（中央）の「お別れ川下りパーティー」

彼女らと共に易しい流れでの短時間の川下りを二、三回行っている。抜け掛けは後々物議を醸すのが世の常。いずれの時も秋岡氏・川口氏に声をかけている。えらいもので、彼らは万難を排して必ずやって来る。もっとも、来てもらわないと私一人では彼女らをガードし切れないという事情もある。時には、川で偶然出会った瀬遊びを一人でしていた超上級者が、瀬遊びをやめてついて来たこともある。彼女らが愛くるしいのも確かだが、男の気持ちに不純なものがあるように思われる。しかし、これが正常な姿なのであろう。彼女らは秋岡氏のお気に入りで、彼は挨拶がわりに「○○さんや○○さんは元気にしとるかなあ。またあの娘らと行きましょうでぇ。よろしゅう言《ゆ》うてぇて下《くだ》せぇ」と決まって私に言う。

秋岡氏は「別宮先生は、如何《どう》してあねぇに次ぃ次ぃ、可愛い娘を川へ連れて来れるんじゃろぉか?」と、マラソンの練習と称してお気に入りの若い女を連れて喜々として唯ひた走るだけにまで枯れ果てた鈴木健二氏に話したと言う。吟味の末の秋岡氏の結論は『人徳のなせる技』であったが、鈴木氏の結論は「人畜無害と思われとんじゃろぉ」という、中傷と嫉妬に満ちたおぞましい代物であったということである。

錦川・江の川（1995年）

錦川下り

カヌー仲間の情報によれば、中国地方で水の最も綺麗な川は「錦川」ということになっており、私はこの川を是非とも下ってみたいと前々から考えてはいたが果たせずにいた。今年こそは夢を果たそうと、秋岡達郎氏と計り、ゴールデン・ウイークに設定した。

晴天に恵まれた五月七日には川口氏も加わり、山陽自動車道・福山サービスエリアで午前六時に落ち合い、いつもの三人で屋根にカヤックを積んだレガシー・ツーリングワゴンを三台連ねて出発した。午前八時半過ぎに「錦帯橋」の下の河川敷の駐車場に到着。誰かが厚かましく交

錦帯橋をバックに記念撮影（左から川口氏、秋岡氏、著者）

渉し、駐車料は一台分しか払っていない。秋岡氏と彼の艇を私の車に積み換え、秋岡氏の車のみこの場に残して、約二十六キロ川上の「名桑《なぐわ》」に向かう。要はここまで下って来て、錦帯橋をくぐろうという魂胆である。秋岡氏は「ちょっと距離が長すぎるでぇ。半分位《ぐれ》ぇで、えかろお。身体がもたんでぇ」と警戒調の弱気を漏らす。私の文献的考察では、下流の数キロの瀞場以外は、穏やかな川ではあるが流れは割合速いので、十分イケルという結論である。穏やかな川なので初心者でも十分下ることができ、澄んだ水の美しさに魅せられて、カヌーの虜になってしまうこと請け合いというようなことがたいてい記載されている。こんな川を十分楽しまない手はない。しかし、本当は秋岡氏の言うのも当たっており、元来は中程の「行波《ゆかば》」でキャンプして、のんびり下る二日のコースではある。途中で食料を買ったり色々しながら偵察を兼ねながら川沿いの道を遡る。名桑に至り川原に下り、準備して出発したのが十時半頃であった。

五百メートルほど下った所で、一人の若者が下り始めるのに出会い、旅は道連れということになった。漕ぎ振りや身のこなしからすると相当の達人である。「鈴木某」（註13）と名乗る「江戸っ子」のこの三十歳の若者は、偶然ながら日本鋼管「福山」工場のエンジニアであった。転勤して来たばかりで、カヌーの仲間がどこにいるのかもまだ分からず、とりあえずこの川に来てみたと言う。

⒀　鈴木　威氏（40）ＪＦＥエンジニアリング技師。生粋の江戸っ子。カヌーの達人。現在は車に凝っている模様。

彼がパソコンで得た情報によれば、ゴールデン・ウイーク前に雨で増水したこの川にカヤックで漕ぎ出して死んだ人がおり、この人はライフジャケットを着けていなかったのだそうである。気の毒ではあるが、死んでも仕方の無い行為である。カヌーは転覆するのが前提の艇である。転覆しないはずの造りの艇でさえ救命胴衣を装備している。そもそも常識以前の行為であり、我々はライフジャケットやヘルメットを着けていないような者はカヌーをやっていて死んだとは言わないことにしている。

この日の流れは穏やかで、水位も適当で、水の透明度は驚くほど高く、川底の石が手に取るように輝いて見える。こんな綺麗な川がこんなに身近にあるのかと感慨無量である。要は、水域に人が住んでいないため、生活排水で川が汚染されるということが無いというわけらしい。川岸のいたるところに紫がかったピンクのヤマツツジがいっぱい咲いていて実に美しい。思わずそばに寄ってしばし眺め、記念撮影などする。この日の流れからは、死ぬほど荒れた場所はありそうに思えなかったが、どこで死んだのか興味があり、それらしい所はないかと気をつけながら下った。ここかもしれないと思われる場所はこんな感じであった。すなわち、流れが右岸寄りの瀬となっており、ここで右岸の竹藪の竹が約二、三十メートルにわたり川の方へ倒れ、一部水中に没しており、右岸に押し付けられる流れの中で障害物となっている。この日の流れでも、川口氏は流れに押されてこの倒れた竹の端に頭を擦りながらくぐり抜け、ちょっとばかりヤバかった。

瀞場もあるが、概して流れは結構速く、漕がなくても距離を稼げる。どういうわけか川底には岩というイメージの物があまり無く、角の取れた円《マル》い感じの小石が敷きつめられ輝いている。石に藻が着いていないように見える。澄んだ水と玉砂利の中をスイスイと快適に下る。快感哉！

行波《ゆかば》で昼食。ここでキャンプというのはまさに理想的なカヌー・ツーリングという気がする。川口氏は「家族連れ」を描き、秋岡氏と私は「ギャル連れ」を描きながら、多少咬み合わない机上の空論を展開する。鈴木某氏は、ここまでやめて帰ると言う。「中年の下手糞連れ」に付き合うのが嫌というわけではないようで、これから先は瀞場が多いと読み、延々と漕ぐのが嫌というのが本音らしい。それは当たっているとは思うが、錦帯橋をくぐって上陸しようという我々レベルのこだわりは、上級者の彼には全く無い。

この川にも沈下橋が架かっている。沈下橋といえば世間では「四万十川」と対にされている向きがある。確かに沈下橋の架かっている風景は四万十川が一番ピッタリで良いが、沈下橋なんて物はどこにでもあるのである。有光氏の高知脳神経外科病院のすぐ近くの「仁淀川」にもあったし、去年徳島の学会がてら秋岡氏と彼の「折り畳み式二人艇」で下った「吉野川」にもあった。我が福山の芦田川にもちょっと遡ればある。まあ、それはともかく、沈下橋を目にすると懐かしい物に出会ったような気分にさせられるのは不思議である。やがて消えていく昔の田舎の風景とでもいうのだろうか。

新幹線に乗っていて気をつけていると、新岩国駅近くで錦川を渡るのが分かるが、大きな川ではないのでアッと言う間に通り過ぎてしまう。この新幹線の下をくぐる辺りから瀞場となり、延々と漕ぎ続けることにあいなった。遥か前方にカヌーがチラッと見えては消えるのに気がついた。近頃とんとピントが合いにくくなり、何艇かはっきりしないが、パドルが二つ動いているようである。我々三艇揃って錦帯橋をバックに記念写真を撮るためには、あいつらを捕まえなければと思い立ち、秋岡・川口両氏を置いて猛然とダッシュを始め、前方千メートルの獲物の追跡となった。どんどん差を詰めたところ、私が追っているのに気づいたと見え、二人乗りの折り畳み式カヤックが止まって待っている。錦帯橋が見える所で追い付いてしまった。

二人は地元の初心者の若者であった。彼らと話しているうちに両氏も到着。錦帯橋をバックに念願の記念撮影を撮り合う。錦帯橋の上や両岸からかなりの人が我々を見ている。右岸の新緑の山を見上げると岩国城も我々を見ていた。錦帯橋の下がちょっとした堰になっていて淀みとなっている。この切れ目で流れが速くちょっと波立っており、その後の小落差を突っ切ってゴールである。まず私が錦帯橋をくぐり格好良くゴール・イン。続いて川口氏。秋岡氏がこの小落差で「沈」(転覆)してズブ濡れになってしまった。錦帯橋をくぐるつもりの無かった若者艇も怖がりながらも無事ゴール・イン。

若者が教えてくれたすぐ近くの銭湯に、ウェット・スーツを来たまま着替えを持って行き、風呂に浸かりサッパリした。番台の親父さんが、錦帯橋の廃材を使って作ってあるとか、ＴＶで何度も紹介されているとか長々と説明してくれた。三時半頃にゴール・インしたが、銭湯に行ったり、休んだり、名桑まで車を取りに一往復したりで時間を取られ、帰り支度をして錦帯橋を出発した時はまだ明るかったが日暮れが近かった。

後日、秋岡氏からファックスが届いた。何かと思ったら、例によって「漢詩まがい」の自称「秀作」である。

錦川惜春　　　平成七年五月七日　　秋岡達郎　作
　待望久錦川舟遊　　待望久し錦川下り
河畔草木今盛萌　　河畔の草木は今盛んに萌
目染緑耳奪鳥囀　　目を緑に染め耳は鳥の囀りに奪われ
艇上薫風微睡誘　　艇上の薫風は微睡を誘う

防州錦川洗礼　　　平成七年五月七日　　秋岡達郎　作
　遥々旅清流錦川　　はるばる漕ぎ下った錦川
仰岩国城新緑眩　　岩国城を仰ぐと新緑が眩い

喜々漕潜錦帯橋　　喜々として錦帯橋を漕ぎ潜る
緩気一瞬軽舟沈　　一瞬の気の緩みでカヌーは沈

私に分かるのは、踏韻の苦心の跡が窺えるというぐらいのものであるが、きっと「漢詩の達人」徳島大学脳神経外科教授・松本圭蔵氏(註14)が、手ぐすねひいて待ち構え赤鉛筆をふるって添削を楽しむのではないかと想像できる。秋岡氏もそれを心待ちにしているようで、いつもそのことを楽しげに話してくれる。実に羨ましい交信である。

「秋岡氏が漢詩まがいなら……」と色々考えた結果、私は「川柳まがい」でいくことにした。「川を流れて」遊んでいるのであるから、ピッタリである。しかし、何の素養も無い私にはおこがましいので、これまでの川柳の物差しで評価しないことをモットーとする、川柳に似て非なる私専用の『川流』という新派を創設することにした。

雅号は『川辺佳奴』と決めた。「かわべ・よしやっこ」と読んでも良いが、敢えて声に出しては読まないことにする。拙宅が川の近くに在るのと、「いいやつ」「カヌー」「カヤック」という洒落である。

⒁　松本圭蔵氏（73）徳島大学医学部脳神経外科名誉教授。漢詩を能くする。

【川流】

錦川カヌー下り　平成七年五月七日　川辺佳奴

川底の小石まばゆい錦川

錦川此所にも其所にもヤマツツジ

やれ嬉しカヌーで潜る錦帯橋

江の川下り

昨年は渇水のおかげで夏以後さっぱり川下りができず、悶々として過ごし、今年になってやっと錦川を下り、人心地ついたが、美しく穏やかな清流の後は、豪快な江の川への思いが日増しに募り、昨年春参加した島根県大和村主催の「江の川カヌーツーリング」と一昨年春参加した岡山の某アウトドア・ショップ主催の「江の川カヌーツーリング」が今年も行われるので、これまた二段構えで両方に申し込んでしまった。どちらかは天候の加減で中止になるかもしれないという読みである。

大和村主催の方は川口氏と二人で参加したが、前夜の屋外懇親会終了後、キャンプ中に雨が降り始めてやまず、風もあり、気温も低かったため、翌朝熟慮の末、中止と発表された。残念ではあったが、次のチャンスを用意しているので早々に引き揚げた。しかしながら、前夜の懇親会は実に楽しかった。我々二人の他は、自衛隊員二人、神戸から来た女教師一人、キャンピングカーで来ていた小学生二人を連れた四人家族、その知り合いの岡山から来た中年一人と松江から来た初老に見える中年一人、主催者側からは責任者で料理係で昨年は元気よく先導していたカヌーの巧《うま》い中年の元村会議員、技術部長と呼ばれていた中年のカヌーの達人、若い駐在所のお巡りさん、他数名という構成である。春は少人数ではあるが、秋には例年百五十艇を集めているが、昨年は喝水で秋は中止になっている由である。大勢集まる秋は忙しくて主催者側としてはリラックスできる余裕が全く無いので、春は主催者側も一緒に楽しもうという趣向で、実にアット・ホームな雰囲気である。カヌーという一点以外何の関係も無い者同士が、屋外の薄明かりの中で輪を作り、旧知の如く呑んで語り合う宴の何と楽しいことか。

松江からの一見初老氏は岡山の人で、姓は「浅原」。「今年ぁずっと何《な》んも良《え》ぇ事《こた》ぁ無《ね》ぇ。字が違うのに損ばぁじゃ」とボヤクので、「損氏」と仇名した。駐在所のお巡りさんは、ここに赴任してから、過疎の故に他に遊ぶことが無いのでカヌーを始めたと言う。特に尋問したわけではないが、なぜか奥さんとの馴れ初めまで聞き出してしまった。彼によれば、過疎のこの村では、サラリーマンは学校の先生と営林署員とお巡りさんだけで、他は皆林業なのだそうだ。村民全員と顔見知りなので、どこで誰に出会っても挨拶しちょっと話をしないと済まないそうで、ウッカリ気づかず通り過ぎると、後で色々言われるのだそうで、そんなことが事件という平和な村である。「毎日、江の川を見ています」と言う彼に、その後は「江の川の水位はどうかな」とか「濁っているかな」など気になることについて、カヌーをする身の視点での最新情報を電話で時々教えてもらっている。神戸から来ていた初心者の女教師は、カヌーも持たずに参加して江の川を下ろうという強者で、結局カヌーには乗らずに帰る羽目になったが、なぜか福山まで私が車で送っている。

五月末のアウトドア・ショップ主催の方は、川口氏と錦川で知り合った鈴木某氏を誘い三人で参加した。前々日には雨が降ったりしているので、川の様子を聞くため、前日には例のお巡りさんに電話をしてみたが、この時彼は留守で、電話に出た奥さんが「私はカヌーをしないのですが、先ほど川を見た時には水は特に濁っているという感じではなく、水位もこの間おいでになった時と同じくらいです。明日はきっと良いカヌー日和になるでしょう」と返事してくれ、気分を晴れ晴れとさせてくれる。

例によって山陽自動車道福山サービスエリアで落ち合い、尾道・三次を経て集合場所の島根県邑智郡羽須美村の両国橋付近に午前八時四十五分に着いてみると、かなりのテントと車が並んでおり、艇が並び皆着替えてそれらしい格好で出発の準備をしているところで、我々が最終便であった。折り畳み式の艇ばかりの別グループと出会ったので、一緒に下ることになったとリーダーから知らされた。我々のグループは九人で、顔を見ればほとんど顔見知りばかりである。別のグループは知らない面々の岡山郵便局員とかで、七人組プラス陸上サポート隊である。明らかに我々のグループよりは技術的には下手だ。

去年、川口氏と二人だけでここから下った時には、ものすごく緊張していたが、今回は流れも分かっているし、強力なリーダーもいるので、余裕の出発である。見上げれば、あのお巡りさんの奥さんの言った通り、快晴で絶好のカヌー日和である。作木村柳原までスリルを味わいながら快適に瀬を下る。バスーッ、バスーッと波が艇底を打つのを耳と身体で感じながらパドルをさばき、しぶきを浴びて揺さぶられて流されて。ああ感激！　こりゃぁ、たまらん！　この

「両国橋」の上からのスナップ写真。先頭の赤い艇は大山氏、次の黄色艇は著者、その後の黄色艇は川口氏、その後の赤い艇は鈴木威氏

豪快さは錦川の澄んだ穏やかな流れとは好対照をなし、どちらもそれぞれに素晴らしい。

江の川下りのハイライトは何と言ってもＪＲ三江線「石見都賀」駅付近にある『ニコセの瀬』である。昨年、大和村主催のツアーでこの瀬に初めて挑戦した時はものすごく緊張した。我が身に降りかかる危険が迫っているのである。これを無事突破してスリルのレベルで終わらせることができるかどうかは、自分の技量と状況の深刻度を適正に天秤に掛けた上で、チャレンジ精神と運の荷重を技量の側に加えての決断に懸かっている。ところが、皆この瀬への挑戦を楽しみに参加しているのであるから、この期に及んで回避するような者はいない。十分に怖くて不安であるが、征服したい、挑戦したい、逃げたくないが、やっぱり怖い。しかし、「やる」のである。昨年はうまく突破し「至上のスリル」を味わえたという実績を踏まえて、今回は多少気分に余裕がある。例によって手前で全員上陸し、偵察し上級者のアドバイスを受け、覚悟を決めて艇に戻り次々と瀬に突入して行く。水しぶきを目一杯浴びながらもうまくこなして、私は今回も無事突破し、至上のスリルを味わうことができた。これはもう本当にたまらない感激である。三分の一が「沈」しているので、自信が沸いてくるというものである。ところが、瀬の川下側で後から来る者を待ちながら遊んでいたら何《なん》でも無い流れにバランスを失いあえなく「沈」してしまった。まさに油断大敵である。

【川流】　川下り嗚呼錦川江の川
不安より闘志膨らむ荷越せの瀬

このニコセの瀬の後は、都賀行橋のすぐ川上の瀬以外はゆったりと楽な流れで、ツーリングの整理体操という感じであった。都賀行橋の川下で上陸し、一同揃って車で五分ほどの古い湯治場「潮《うしお》温泉」で汗を流してくつろぐ。ここで偶然にも大和村のカヌーツーリングの責任者の元村会議員にバッタリ出会い、この過疎の村の知り合いとしばし立ち話となった。別れ際に、「来週、村民だけの川下りをするけど、おいでよ」と招待を受けた。準村民としての扱いに感激したが、考えてみれば、二年間に四度もカヌーを積んでここに来ている。偵察も入れると五度になる。

川下隣の邑智町に移動し、カヌー博物館脇の川原でキャンプである。ここには隣に整備されたオートキャンプ場があるが、そこにはテントを張らない。しかし、トイレと水はそこのを使うという作戦である。これまた偶然ではあるが、一昨年秋、大和村の川原のキャンプで会った堀田貴之氏とローリー・イネステイラー氏というこの世界の有名人二人が、邑智町カヌー博物館主催のイベントの目玉として来ていた。

例によって宴である。真っ暗闇の中の火を囲んでの宴は人類の本質に触れるものがあり、無上の楽しみである。良い眠りに就けるというものである。

【川流】　火を囲み食い飲み語り後は寝る

吉野川の大歩危・小歩危ラフティング（1996年）

大歩危・小歩危ラフティング

吉野川は、坂東太郎・利根川、筑紫次郎・筑後川と並び四国三郎と呼ばれる暴れ大河である。この吉野川の超激流『大歩危・小歩危』の『ラフティング』を、予《かね》てより是非ともやってみたいと思っていたのであるが、ひょんなことからこの夏これに挑戦する機会を得ることができた。

さて、「ラフティング」というのは、ゴムボートによる激流下りのことであるが、カヌーではとても行けそうもない激流にゴムボートで挑み、「七転八倒・命からがら」突き進んでいく「スリルと達成感」の醍醐味がたまらない、クセになりそうな、チャレンジング・アウトドア・スポーツである。では一体どんな代物なのか、私のこの夏の体験を、細大漏らさずありのままに、多少のウソを隠し味に書き綴ってみたい。

【川流】　見るよりも挑んでこその大小歩危

六月末、「大歩危・小歩危ラフティング」を計画していると若いナースより誘われ、その場で仲間に入れてもらった。私はこの時点で三人目であったが、私が加わったためか、その後どんどん参加者が増え総勢七名となってしまった。私以外はすべて若くてカワユイ乙女たちである。七月二十八日（日）午前八時現地集合であるため、「前夜は宿を取って泊まることにする予定」と聞いた時の胸の高鳴りの心地良さを御想像いただきたい。

毎年、盆前七月末に今治に墓参に行くことにしているので、前日の二十七日は墓参とした。先祖の前で「今夕からハーレムの一日を過ごしますが、強い意志を持って……」と誓い、帰路の途中で高速道路出口・三島で予定通り十七時半に彼女たちと落ち合うことができた。計画を立案した娘が不調で参加できず、総勢六名、モチロン男は私唯一人である。

目指す宿は、予約が遅かったため、大歩危・小歩危近くに取ることができず、遥か離れた山奥「東祖谷山村」の「平家荘」になったという。我が乙女たちは「夜中に何か出て来そうで気持ちが悪い」と随分私を頼りにしている風《ふう》である。日は暮れかけてはいたが、途中「かずら橋」を渡ったりして時間を食い、どこまで行くのかと不安になりながら、曲がりくねった細い道をひた走り、七時半過ぎやっと「平家荘」に到着した。

他に泊まり客は無く、我々の前にはいつ泊まり客があったのだろうかと思わせる雰囲気である。二階の広間に通されたが、我が乙女たちが怖がっているし、私を頼りにしているし、朝起きて見たら誰かが消えているというようなことが懸念されるのでと『ダメな医者がよくやる身

これから挑むラフティングを前に流れをバックに。この娘らの元気な姿として必要があれば使えるようにと撮影

勝手な屁理屈』を心の支えとして、「男の方の部屋を別にしましょうか？」と言う宿の人の疑問文風の助言を「いや、一緒でよろしい」とキッパリと断った。

階下の部屋に地元の素材たっぷりの鍋料理の仕度がしてある。クーラーに入れて持参したド

前夜宿での「カンパイ」
手に持っているのはドイツ・ブレーメンのビール『BECK'S』

イッ・ブレーメンのビール『BECK'S』でまず乾杯。

　このビール『BECK'S』は、その昔、アメリカ留学中の守山英二氏[(註15)]が「こんな物がありますよ」と自分が呑んでいるところを写真に撮って送ってくれたことがあり、この時以来ずっと、何とか手に入れたいと思っていたのであるが、果たせずにいた。今春、手術室の冷蔵庫の中にたくさん冷やしてあるのを偶然見つけ、持ち主が麻酔科の先生であると分かり、入手法を尋ねたところ、麻酔器の会社・ドレーガーが挨拶に来た時に一パック置いて行ったという。かなり近くなって来た感じがする。「良かったらどうぞ」といわれ、感激のあまりすぐその場でグーッと呑んでしまった。酒に弱い私は真っ赤な顔で酔っぱらってしまい、後は仕事にならなくなってしまった。空き缶は洗って自分の部屋に持ち帰り棚に飾って、毎日眺めていたのである。ところがこの夏、新聞のチラシで偶然見つけ、ソレッ！　とばかりに味のことなどそっちのけで大量に買い込み、この感動を他人も分かち合えると錯覚して、事ある毎に持ち出したため、その犠牲になった人も少なくないと思う。

　美しくもカワユイ乙女五人に取り囲まれての楽しい食事を終えて部屋に帰ってみると、『同じ蒲団』が六つ並べられている。このことが後に、普段は出来の良い部下・守山英二氏が嫉

⒂　守山英二氏（47）福山医療センター脳神経外科。著者の後任として平成十六年四月より同医長。岡山大学医学部ボート部OB。

に狂って曲解し「別宮先生は○○さんと『同じ蒲団』で寝た」と院内のあっちこっちで言いふらすという展開になり、「違う、違う。『同じ柄の蒲団』というだけのことなんじゃがな」と、半ば喜びながら、弁解して回る羽目になってしまった。

こんな感じで時が過ぎていき、誰かが「大いびき」をかいていたとか、「歯ぎしり」をしていたのがいたとかいう程度のこと以外には何事も起こらず、一夜は明けたのであった。

翌朝七時に宿を出発。七時四十分に大歩危の「レストラン・まんなか」駐車場着。モンベル・アウトドア・チャレンジ・クラブのラフティングにエントリーしてある。八時集合なのでちょっと早いかなと思っていると、短めの茶髪でピアスをし、よく日焼けした変に女っぽい男がバイ

ウェットスーツ、ライフジャケット、ヘルメットで身を固めた一同。
グリーンのウェットスーツを着ているのが著者

ンダーを持って近づいてきた。これが受付である。

八時から用意された朝食をとり、指示に従って車をちょっと離れた所定の場所に移してから地下に移動して着替えの指示を受け、適当サイズのウェットスーツを受け取り、更衣室で着替えてくる。荷物は一切所定の袋に入れて倉庫に預ける。適当サイズのライフジャケットとヘルメットを着ける。

この日は三十人のエントリーで、いずれも二十代前半ぐらいの若者で、女の子が三分の二を占めている。その中に突然一人交じっている五十代が私である。五艇が用意され、仲間同士ができるだけ纏まって乗れるようにグループ分けされる。我々は他人を交ぜずに一艇に乗ることになった。グループ代表がジャンケンし、勝った者から自艇のインストラクターを選ぶ。我々は二人の女のうちのどちらかを選ぶという残り籤であったが、ずっと説明をしてくれていた方を選んだ。これが大当たりで、二十七歳の彼女がボスで、すべてを仕切っていることが川に出てから分かった。実は、受付の女のような男と思えたのは、男のような彼女であったのである。もう一人、この日が二回目というインストラクター見習いの若い娘が乗り込み八名で乗り出したのである。「七対一で、朝からまるでハーレムじゃないですか！　お父さん、鼻の下が伸びてるよ。それにしても、この取り合わせのこのグループは一体何なの？」とボスが揶揄する。「医者と看護婦でーす」「あーあー、世間でとかく評判の！　先生、やりますね。先生、デレーッとしてないで、チャントしてないと怪我するよ！」

　ボスの乗った我々の艇は一号艇で、五艇の先頭で進む。その前を超達人たちがカヤックで偵察しながらの一団である。乗員はカヌーのように進行方向に向いて座る。私は艇の一番前右側に陣取った。ボスは最後尾右、見習いは最後尾左である。色々のインストラクションを受けながら下って行く。下半身の艇への保持の仕方、漕ぎ方、号令への対応の仕方、振り落とされた時の助け方・助けられ方、水中より艇へのよじ登り方、水中を流される時の安全な姿勢、水中障害物のかわし方、艇がひっくり返った時あるいはその艇の下敷きになった時の対応策等々、これからすぐに必要に迫られるライフセイビング実技を、小歩危に備えて大歩危を下りながら実際に練習していくのである。

　大歩危も小歩危も激流であるが、どっちがスゴイかと言えば、それはもう断然小歩危である。ご存じとは思うが、大きな歩幅で歩くと危ないというのが大歩危で、小さな歩幅で歩いても危ないというのが小歩危であるから、当然のことではある。

　実技の練習は、例えばこんな具合である。漕ぎ出して間無しの瀞場では、他艇が接近して来て水をかけて攻撃を始め、アッと言う間に水合戦となる。このドサクサに紛れて、インストラクターが水中に隠れながら皆を引っ張り落として回る。少々荒っぽいが、一旦全員に艇から落ちることを味わわせてズブ濡れにしてしまい、自力で再乗艇させているのである。また、大きな瀬の終末部では岸に艇を着け、艇から下りて川上に向かって岩をよじ登り、三階の窓ぐらいの高さの崖の上に連れて行き、下を渦巻く激流に飛び込めとボスが命令する。「手前には岩が隠れているので、できるだけ遠くへ飛んだ方が良ろしい。浮かび上がったら良い姿勢をとって流され、あの辺まで来たら岸の方へ泳ぎ、その辺でロープを投げるから、それを掴み規定の姿勢をとって助けられるようにします。もし、ロープが掴めなかったら、そのまま流されながら向こう岸寄りの緩流に向かって泳ぎ、あの岩に取り着くように。そのうちに助けに行きます」という調子である。

さて、誰から飛び込むかという段になると進み出る者がいない。そのうち、『お父さんから』と声を上げるケシカラン奴がおり、私が最初に飛び込む羽目に陥る。ハーレムとはこんなものではなかったはずなのに。三十人のトップを切って、自殺とはこんなものかと、意を決して、根限り遠くへ飛び込んだ。かなり深く沈んでしまった。渦巻く流れの中で浮かび上がろうとしても、引っ張り込まれてままならない。随分長い間もがいていたように感じた。独力で岸に泳ぎ着いたが、しんどくて疲れた。「崖の上から見とっても、いつまで経っても浮かんで来《こ》んので心配したんじゃけーど、随分川下の方で浮かび上がったんで驚いたわー」と我が乙女らが言う。「これからが本番です」のボスの声に一同緊張。いよいよ「小歩危」下りである。「これからは、瀬を通るたびに何人かまたは全員が水中に放り出されると思います。私の指示に絶対に従うこと。漕ぐのをやめるように私が指示するまでは、どんな姿勢であっても、勝手にやめないで一生懸命漕ぎ続けること。岩や岸壁が接近し、艇にぶつかりますが、決して手で押して回避しようとしないこと。八人を乗せた重いゴムボートが水の勢いに乗って衝突するのを、一本や二本の腕で支えられるはずがないし、必ず肩を脱臼することになるので、絶対に手を出さないで、衝突の時は素早くパドルと共に身を引くこと」とボスの声もトーンが上がり大きく厳しくなってきた。

大歩危・小歩危下りでは、漁業関係者との間の摩擦の解決策として協定が成立し、「カヌーやゴムボートは一日一回に限り通過できること」として、各瀬に三十分ほどの時間幅で通過時間のタイム・スケジュールが設定されている。このため、営業ベースのラフティング三社（モンベル、アオキ、探検くらぶ）もゴムボートで下る大学の探検部のような輩もカヌーで下る個人も、皆一斉に並んで下ることになる。個人で下っているカヌーの連中はいずれも超上級の達人で、頼まれているわけではないが、偵察とレスキュー役を自主的に行っている。というのも、インストラクターもカヌーの達人たちも皆個人的には仲間同士なのであるから当然といえばそれまでだ。この日、カヤックは四艇であったが、何とこのうち三名は、顔見知りの人と分かり、ビックリである。カヌーの世間は狭いものである。

偵察が釣り師の存在を合図している。通過できる状態になるまでちょっと待機となる。カヌーの姿が次々にフーッと下に消えて行く。釣り師が水路を空けてくれ、瀬への突入を始めたのだ。落差が大きいため、瀬の様子は全く見えない。ボスの号令「ローッ！　イチ・ニ、イチ・ニ、……」に合わせて漕ぎ、我が一号艇から突入！「ウワーッ！　スゲー！　コリャー死ぬどーっ！」という思いが脳裏をかすめ、すくんで手が止まる。「止めずに漕いで！　イチ・ニ、イチ・ニ、……」艇は激しく揺れ傾きしぶきを浴びる。大きな岩が迫ってくる。「アー激突するーっ」。突然「バック！　バック！……強くバック！……」艇は左に動き、岩をかすめたと思ったら「ホールド・オン！」。艇内に退避して身を伏せるや否や、身体が空中に浮いたと思ったら下に叩きつけられ、横から大きな波をバサーッと被り、艇は傾く。何が何だか、身体がどう向いているのか分からず、頭の中は真っ白だ。すかさず「ローッ！　イチ・ニ、イチ・ニ、……」。突破できた！　誰も落ちていない！

【川流】　この娘等と一蓮託生歩危下り

淀みに入って待機しながら、後続艇の様子を余裕の気分で眺めてみると、瀬を下るというよりは落差の少ない曲がった『滝を落ちる』という方が当たっている。最後にダーンと落ちた後、一呼吸あって、艇がスーッと下に見えなくなったかと思うや、大波を食らって今度は傾きながらググーッと持ち上げられ、頂点付近で何人か振り落とされている。裏返しになり全滅する艇もある。「私が命令していないのに、皆勝手に漕ぐのをやめてましたね。ここはほんのコテ調べだから、あれで済みましたが、これからはそんなことでは済みませんよ！」と言うボスの教育的指導は凄みがあった。

次の瀬では、私が激流の中に振り落とされた。何が何だかわけが分からず、唯もう無我夢中である。艇がすぐ近くにいたので、自力で艇によじ登ることができた。もう一人落ちた娘がおり、彼女は引き上げてもらって割合簡単にリカバリーできた。

次々と瀬を通過して行く。そのたびに、落下人の出る艇や転覆する艇が必ず何艇かあり、落ちた乗員や流れたパドルや艇を回収して体勢を立て直す。これを助けるカヌーの活躍がテキパキとしていて、実に素晴らしい。

ある曲がった二段構えの瀬では、一段無事通過し、次に行くものと思っていたが、突然「バック、バック、強くバック、強くバック、……」がかかった。中間のきつい流れの中で、無理矢理岸の岩に着け、私に向いて「男の人！　艇を降りて艇をホールドして！　流されないようにしっかり持って！」と命じ、ボスは岩をよじ登り、その上に仁王立ちとなり、大声を上げて後続艇にコース取りの指示をしている。下から見上げていると、まるで映画『十戒』のモーゼの姿である。それにしても『お父さん・先生・男の人』とうまく使い分けて、操ってくれるものである。指揮官のいない艇が激流に突入することになっては大変なので、私は六人の乗った艇を本気で一生懸命持っていたのである。お陰で私はここでどっと疲れてしまった。

この日、たまたまであるが、アウトドア用品メーカー「モンベル」の来年のカタログに載せる写真撮影が、このラフティングを狙って行われており、委託されたカメラマンがカヤックに乗って先導している超上級者の一人で、私の顔見知りである。先回りしては、格好の岩の上や崖の上に陣取り撮影を行っている。時には撮影の体勢が整うまで、瀬への突入が待たされることもある。「ひょっとしたら、我々の雄姿がモンベルのカタログを飾るかもしれないので、だらしない格好にならないように、私の命令通りに揃って漕いで！」とボスも写りたがっている。

途中全員上陸して、昼食休憩を取った時、撮影用にと、ほとんど全員の顔に好き勝手に派手なインディアン風の色付けがされた。男の私は水を浴びるたびに色がだんだん取れていったが、化粧品や日焼け止めを塗りたくってある彼女たちは、うっかり顔を手でぬぐったりしているうちに、描いた模様は崩れる一方、色は取れない状態になっていく。人の顔を見るとビックリするようなことになっていて、お互いに大笑いとなるのであるが、自分の顔は知らぬが仏である。

カヤックの連中は先導しながら瀬の激流の中に敢えて身を投じ、艇を巧みに操って遊んでいる。それが無上に楽しいのである。ボートが突入してくるまでの時間とか、ボートの進入しない場所とかを選んでやっている。以下は、ある瀬での出来事である。

我々の艇が大きな落ち込みにかかった時のことである。「落ちるぞ」と思った刹那、眼下にカヤックの姿が忽然と現れたのである。「やった！」と思う間もなくカヤックの上に我が一号艇は乗り上げてしまったのだ。皆の気持ちが怯んだため、ゴムボートはバランスを失い大きく傾き、ほとんど転覆寸前となり、バラバラッと激流に放り出され、艇に留まったのは私だけで、ボスも見習いもいなくなっている。カヤックの方は下敷になる寸前「すまん！　わしが悪い！」と声を上げている。この激流の中でさっとロールでくるりとリカバーし、レスキューを開始し、一人を艇に取り付かせた。これぐらいの技が無いとここでは遊べない。これも私の顔見知りである。

一方、私だけになった一号艇はそのまま速い流れに流されすぐ川下の曲がりとの所で岩に乗り上げ、六十度ほど傾いて引っ掛かって止まった。すぐに、見習いが流れてきて艇に取り付いた。腕は艇を掴み水から顔は出ているが躯幹と下肢は流水圧で艇の下に入ってしまい、自力ではよじ登れない。艇が不安定でやりにくかったが、何とか引き上げることができた。続いて我が乙女が二人、艇に取り付いた。これまた身体は艇の下に押し流されており、見習いと私の二人でどうやってみてもボートの上に引き上げてやれない。二人はもう必死でボートにしがみついている。「私はこの世でしたいことがまだいっぱいあるのにぃー！」と顔が言っている。そこへ後続の一艇が、流れに押されて接近して一号艇に衝突。二人の頭は両艇に挟まれてしまった。ゴムの空気チューブ同士であるのと、ヘルメットをかぶっているので、どうということは無かったが、どうなるかとハラハラさせられた。衝突した後続艇はそのまま流れていってしまった。他艇のインストラクターが「手を放して、もっと流れていけ！」とアドバイスしてくれる。「そ、そーんなぁー！」と、二人はもう泣きそうである。遂に観念して手を放して流れていった。

流水圧が強いため、一号艇は岩から離そうとしても動かない。六十度傾いたままである。カヤックから乗り移ってきたり、他艇のインストラクターが乗り移ってきたり、ボスが戻ってきたりで、最大限の努力でやっと流れに戻すことができた。放り出された乗員は、カヤックに取り付いたり、他艇に引き上げてもらったり、緩流まで流れて自力で岸に取り付いたりで、結局全員無事であった。もちろん、他艇から落ちた者も多く、転覆艇もあり、ここでの体勢立て直しには時間を要した。

こんな調子で下っていくのである。午前八時から午後四時まで、初めての体験の連続である。このスリルの連続は本当に楽しかった。死ぬかと思う目に遭うが、死にはしない。あんなにも怖い思いをしたにもかかわらず、我が乙女たちは口を揃えて「こんなに楽しかったのは生まれて初めて！　先生、来年も来ましょう」と言う。この野生味溢れるチャレンジング・アドベンチャーに、若い娘を連れて呆け封じに挑戦してみるのはいかが？　刺激効果抜群、若返りますよーッ！

【川流】　呆けぬ間に呆け封じにと歩危下り

吉野川カヌー大学

毎年夏に四国・吉野川の本山町で、「モンベル」社長・辰野勇氏を学長に据えた『吉野川カヌー大学』なる二日続きのイベントが開催されているのを察知していた。本山町は四国の水瓶・早明浦ダムの直下の町で、「町おこし」という意味合いもあってか、カヌーが盛んで、『吉野川カヌー大学』もその一環であろうと思われる。

常々これに是非一度参加してみたいと思っていたのであるが、福山で開催される『芦田川レガッタ』と毎年日程が重なり、こちらの方へは私が勤めている病院から大勢を率いて毎年参加しているため、吉野川カヌー大学の方にはずっと参加できないままでいたのである。日程はどちらも固定されているようで、このままでは、いつまで経っても埒《らち》が明かないので、土・日の二日続きのイベントの前半のみ参加して翌日は芦田川レガッタに移るという苦肉の策で臨むことにした。

　辰野氏は登山家で、やがてカヤックをやるようになり、高じてアウトドア用ウェアメーカー「モンベル」を創業し、今や総合アウトドア産業の雄に育て上げている。彼のことがＮＨＫ衛星放送の「創業者たち」という番組で取り上げられたことがあり、そのユニーク振りに感動させられ、会ってみたいと思っていた。

　入学式での辰野氏の「学長挨拶」の内容はさっぱり思い出せないが、ざっくばらんで肩の凝らない話し振りだけが印象に残っている。川では、私も若者に交じって彼から実技の指導も受けたが、これがなかなか厳しい。

　夕方から川原で懇親パーティーが開催されることになっており、その前の時間に、入学式の時見た『吉野川カヌー大学』のシンボルの旗を記念に写真に撮っておこうと思いついた。誰も

「吉野川カヌー大学」の旗

いない広い部屋に入り、薄暗い中シャッターを押した。当然ながらストロボが光った。誰もいないと思っていたのであるが、甚兵衛風の着物を着て横笛を持った人物がおり、彼も私が部屋に入ったことに気づいていなかったようで、突然の閃光にビックリした風であった。

実は、これが辰野氏であった。事情の分かった辰野氏は、それなら明るい方が良かろうと燈を点けてくれた。彼は『ナベサダ』ことジャズ・ミュージシャン渡辺貞夫氏直伝の横笛演奏の練習をしていたと言う。何でも、アジアの奥地に渡辺貞夫氏に同行したことがあり、この時に雨で一カ月間足止めを食らい、同じ建物の中でじっとしていたのだそうだ。することが無いので、この間中ナベサダに現地の笛を使ってみっちり仕込まれたのだそうで、今持っているのもその笛だと言う。その夜の懇親会で一曲披露しようと思って、「おさらい」していたところだったのである。

この時たまたま辰野氏の著作『カヌー／エンジョイ　マニュアル／カヤック入門編』（千早書房）を持っていたので、これを差し出したら、「随分前の本だナー。よくありましたね。懐かしいナー」と言いながらサインしてくれた。『創業者たち』を見て感動したことを話したところ、喜んでくれて『モンベル』の社名の由来や、そのスペリングについてのウンチクを語ってくれたが、なかなか面白かった。

川原でのバーベキュー懇親会でほろ酔い気分で聴いた辰野氏の横笛の演奏はナベサダ直伝と

吉野川の大歩危・小歩危ラフティング（1996年）

いうことで評価には慎重になってしまうが、一生懸命演奏している姿は感動的で喝采を浴びていたのはさすがである。また最近お茶に凝っていると言い、表千家流御手前を披露してこれまた大いに受け、本社屋内に茶室を造るつもりだ

川原での懇親会で辰野勇氏（右）と共に。辰野氏は左手に笛を持っている。

野暮点

と言い放っていた。私は川下りの途中のティータイムに『野暮点《やぼてん》』と称して、作法にとらわれないで好きなように緑茶を楽しむという一派を興し、既に実践中であり、やはり「究極の風流はこれだな」と意を強くした次第である。

宴は延々と続いていたが、私は翌日の芦田川レガッタ参加直前の雑事のため、瀬戸内海を渡って福山の病院に六時半には着いていなければまずいので、車で仮眠を取るべく、早々と会場を抜け出してしまった。例年よりやや少ないとはいえ、ナックルフォア大量八クルー四十余人を率いて参加したのであるが、私自身は眠くて眠くて、テントの下でかなりの時間眠ってしまった。それでも女子の部で準優勝したので良しとしよう。

海は広いな大きいな！

〜シーカヤッキングのすすめ（1997年）

シーカヤッキングのすすめ

リバーカヤッキングを始めて丸八年が過ぎた。例年、六月になると河川での鮎釣りが解禁となり、川下りが儘ならなくなるにつけ、悶々と過ごす期間が何とかならないものかと常々考えてはいた。海を漕ぐという発想はあったが、塩のベトツキと塩まみれの用具一式プラス艇とこれを天井キャリアーに載せた車の後始末を思うと二の足を踏んでしまい、また川のように流れに乗って進むわけにいかず、全部漕いでしかも振り出しに戻るというのも乗り気にさせない要素であった。それに何よりもちょっと値の張る海専用の艇「シーカヤック」が必要である。

シーカヤックに乗った著者

このことに関しては、過去に秋岡達郎氏と共に「渋川カヌー・マラソン」（ご存じの通り『川』とはあるが『海』なのです）に、「可愛い子ちゃんズ」を従えて意気揚々とリバーカヤックで参加したのはいいが、運悪く風の強い日であったため、波に弄ばれて疲労困憊し、つくづく「海ゃぁリバーカヤックじゃぁおえん」と体験に基づいて結論を出している。

今年三月、「未使用の九六年型ＦＲＰ製高級シーカヤックを格安で譲る」というおいしい情報を入手してしまった。これを逃す手はないと、電光石火京都の持ち主に連絡し、ちょうど研究会で京都に行く機会があったので、この時に会場付近まで持って来て見せてもらい、大いに気に入り、岡山まで運んでもらえる約束で譲り受けることにした。艇長五メートル二十センチ、幅五十八センチの大きさである。運んでもらえないと大変だ。

持ち主はカヌー・スラロームにはまり込んだ好青年であったが、未使用のシーカヤックを手放す理由が今一つはっきりしなかったので、「訳あり艇」かと多少の不安は残ったが、試合に出るために新しいスラローム艇が要るので金が要るということであろうと理解した。

さて、初乗りは秋岡氏と共に旭川で行った。過去に乗った形跡は微塵も無く、疵一つ無い美艇で、乗った感じもグーッ！　竜骨が付いているので直進性は良いが、逆に回転しないので方向転換に力が要る。海での航行に合うようにできている。秋岡氏も気に入り羨むことしきり。「いつでも譲り受けるでぇ、飽きたら、言うてくれぇ」である。

海に漕ぎに出るとなると、普段は優秀な部下・守山英二氏が「海の方が川に比べ簡単に死ねますよ」と笑みを浮かべ、期待している風に見えるのが気に入らない。もちろん、一人では危険なので仲間を見つけなければならない。好き者の専門誌上の広告を見つけ、姫路のカヌー・ショップが主催する「アクロス・カヌー・クラブ」のツーリングに参加することにした。

相生の東隣の御津町・大浦海岸から漕ぎ出し海上四キロの「中ノ唐荷島」までを往復するという初心者向けのものである。姫路まで行って引き返すのも馬鹿らしいので現地で落ち合うこととした。初めての場所で面識の無い相手と落ち合おうというのである。強い味方は、車の上のキャリアーに派手に積んだ巨大なシーカヤックである。運よく一本道で艇を積んだ同士が擦れ違い様《ざま》に停車し、「初めまして」と無事合流できた。

海上四キロというのがどんな感じかピンと来なかったが、「あの島まで」と言われて、分かったような気になった。この日は、私の他には京都からカヌーは全く初めての若者が来ており、三人だけの寂しい海行きである。ド素人をいきなり四キロ沖合の無人島まで往復させようという計画である。主催者は一人艇に乗せた若者に付きっ切りである。私はシーカヤックは初めてであるが、リバーカヤックの経験があるので通常の操作は問題ない。私はほったらかしにされてしまった。

たまたまこの場に来ていた若者がついて来ると言って加わってきたため、四キロといえば早朝漕いでいる距離なので、波も無く静かな海であったのを良いことに、この若者と一緒に勝手に島まで一気に漕ぎ切ってしまった。無人島に上陸して二人を待ち、揃ったところで昼食を食べ、しばし取り止めの無い世間話に花を咲かせた。帰りは多少波があったが、京都の若者も大分馴れてきたので、四艇並んで話しながらゆっくりと漕いで帰着した。あまり感動は無かったが、まあ初めてシーカヤックで海へ漕ぎ出して無人島まで往復したという体験をしたことで良しとせざるを得ない。私の艇は実に良い艇で、良い買い物をしていると言われたのもうれしい。

情報誌を見ていて、岡山にシーカヤッキング・ツアーの企画・ガイドをやっている人がいることを知り、早速電話で仲間に入れてもらい、初心者スクールに参加することにした。玉野の「日の出海岸」から漕ぎ出して四キロほどの「京の上藤島」なる無人島に行くというものである。指定された競輪場近くの駐車場で待っていると、車数台にシーカヤックを積んだ一団が現れた。

独特のキャラクターの主催者、彼との関係が怪しい若い女、大阪から来た高校生、東京から来た津山出身の若者、岡山の寿司屋の兄ちゃん、それに私というのがこの日のメンバーである。この他に、既に前日から目指す無人島でキャンプしている、「部長」と呼ばれている常連の奈良から来た中年とこの近海を漕ぎまくっている岡山の中年の二人が加わるという、何が何だかわけの分からない集団である。で、このクラブは「ＣＳＣ」と称しているが、何のイニシアル

アクロス主催者の阪井氏（左端）

右からＣＳＣ主催者・鈴木修氏、部長と呼ばれている細川氏

水平線上にかすんで見える家島まで往復するアクロス・カヌー・クラブの四人

か尋ねたところ「クライミング・スポーツ・クラブ」の略号であると言われ、いよいよ気が変になってくる。しかしながら、謎の女と高校生と私を除き、シーカヤッキングの技術レベルは相当高いと見て取れた。ここでも私の艇は誉められた。島の穏やかな湾内では主催者から技術指導を受けたりもした。往復路では、いくつかの島の間を縫うように通っていくが、潮流が河のように流れ、その中を突っ切るなどあり、距離の割にはけっこう教育的でもあり、スリリングでもあった。

姫路のアクロス・カヌー・クラブから播磨灘の「家島諸島カヌー・ツーリング」の案内が来た。赤穂の「御崎」から漕ぎ出して海上約十キロ沖の「西島」を目指すというもので、風や潮の状況によっては実際に漕ぐ距離はかなり長くなるという。まあ、ちょっと地図を出してご覧いただきたい。あの途中何も無い海を突っ切ろうというのだ！　何だか怖い気持ちと奮い立つ思いの間でしばし逡巡したが、参加を決意。

指定された出発地点に午前八時に集合したのは、大阪の巧《うま》い若者・この近辺を一人で漕ぎまくっている赤穂の中年・よろず物知りの赤穂の達人・姫路の主催者・岡山の私の五人で、私は主催者以外初対面である。沖合遥か彼方に目指す西島が霞んでほのかに肌色に見えている。採石のために地肌が露出しているためだ。皆ベテランであるが、家島へは是非ともチャレンジしたいと思いつつも、その距離の途方もなさと陸地からの遠さに闘志を挫かれ、未だ果たせずにいたと言う。シーカヤッキング三回目でこれにチャレンジする私は凄いのだそうだ。本当にこれを漕ぎ切れるのかと不安ながら、口には出さず準備にかかる。

海は穏やかで大した波も無く、快調にどんどん漕ぎ進んだ。霞んでいた西島が少しずつはっきりして来る一方で、振り返れば本土が次第に霞んでいく。もう引き返すには遠過ぎて陸地に辿り着くには行くしかないと納得できる。

いよいよ大型船が行き交う航路を横断する。シーカヤックは船舶に該当しないため、法の規制を受けないが、法の保護も受けない。単なる浮遊物の扱いで、早い話が「海のゴミ」なのである。シーカヤックはちょっとした波間に隠れて見えなくなるため、レーダーで捕捉され難く、大型船に存在を認識されていない可能性があるのと、圧倒的な速度差があるので、視界に入っている大型船は待機してやり過ごすのが安全である。また、バラけずに固まってサッと航路を横切らないと危険である。大型船が起こした波が一面の白波の帯となって彼方からだんだんと迫って来る。「これはヤバイ!」。艇を波に対して直角に向けて何とか凌いで、ヤレヤレ!

色々な初体験学習をしつつ懸命に漕ぎ、約二時間で漕破した。西島は発破の音が轟いており、殺伐とした島の様態も我々の好みに合わないので、ついこの間まで、ナンバープレートの無い車が走り回っていたという噂の西島上陸は止めて、西隣りの無人島「院家島」の南側の入江の浜に上陸した。浜といっても播州近傍には砂浜は無く、石ごろたである。これに比べると備讃瀬戸・芸予瀬戸の島々の砂浜の何と豊富で美しいことか！

しばし休憩したが、予定よりも大幅に早く着いてしまったため、昼食には早すぎるので、もっと漕いで行こうということになり、南西方向に点々と連なる小島の最南端の「小松島」に上陸して昼食とすることになった。クロコブ島・高羽島・カナコ島・小松島と並んでいるが、いずれも岩礁で、渡船で運ばれた磯釣り客がこれ以上は無理というくらいの密度で群がっている。しかし、釣り上げている姿は一向に見かけなかった。

シーカヤックには荷物を積み込む大旨気密性のスペースが前後にあり、キャンプ道具一式を積み込めるだけのキャパシティーがある。まあ、ここに色々な物を積めるわけで楽しい。コンビニエンス・ストアで買った弁当を開く者、ガスストーブで湯を沸かしてインスタントラーメンを作る者、手作り弁当を開く者、ビールを飲む者、麦茶を飲む者、魔法瓶のコーヒーを飲む者、湯を沸かしてコーヒーを入れる者、折り畳み式の椅子や小テーブルを使う者など、好きなようにやっている。しかし、色々持って来ても、カヌーをする者は持って来た物はゴミまですべて持ち帰るのであるが、釣り客の残したゴミのなんと多いことか。小松島もゴミだらけであった。

十分休んでから、帰路に就いた。ここからなら御崎に帰るよりも小豆島の方が近いのであるが、そんなことをしたら後が大変だ。帰りは、波も結構あったが追い風に押されながら、快調に漕ぎ進んだ。御崎に帰着して振り返り、西島を見ると、朝ほどではないがヤッパリ霞んで見え、つくづく遠かったと感じると共に「やったゼーッ！」という喜びが沸いてきた。この日の漕行距離は約二十五キロメートルである。

このほか、CSCのグループの玉野の日の出海岸から漕ぎ出す「直島諸島一周ツーリング」、岡山のカヌーショップ「ウッド・ポイント」の係わっている島根県の「鹿島シーカヤックツーリング」、アクロスの山陰「浦富海岸ツーリング」、日生沖「鹿久居島ツーリング」、CSCの「笠岡諸島ツーリング」等に参加して楽しんでいる。

そして遂に秋岡達郎氏にもシーカヤックを買わせてしまった。こんなわけで今年は川下りが比較的少ない。それでも旭川・高梁川は何度か下ったし、江の川にも遠征している。

今年は初心者を連れて行ったのがほとんどで、艇から装備まですべて秋岡氏と二人で準備し、安全確保にも気を配りで、結構疲れるものではあったが、若い娘の「キャー」などという悲鳴を聞くのも心地良く、沈する姿を見るのも楽しいし、助けに行くのもまた一興。川原に座り込んで語らいながらの昼メシはまた格別である。圧巻は郷里に帰るナースのための「お別れ高梁川下りパーティー」で、「4対2の両手に花の宴」を心ゆくまで堪能した（97頁参照）。

【鈴木健二氏登場】娘婿はカヌーの達人

今年の出来事で特筆に価するのは、カヌー・シーンへの鈴木健二氏の登場である。去年頃から、「いっぺんカヌーに乗せてみてくれー」という申し出があり、秋岡氏と共に何度か誘っているが、そのたびに怪しげな取って付けたような理由で断られ続けであった。曰く「水が冷てぇけぇのお（風呂にでも入るつもりか！）」「ひっくり返るんじゃろーが（当ったり前だ！）」「わしゃー水に弱ぇけー（スイミングクラブに通ってたくせに！　あそこのプールは畳敷きだったのか！）」等々。

ところが、どういう風の吹き回しか今年の盆休みに「本気で乗ってみる」ことになってしまった。折角「親分」がその気になったのであるから、一回乗って印象を悪くしてソレッキリにならないように、とにかく「楽しい・面白い」と

鈴木健二氏（左）と娘婿・太田洋氏

いう印象を与えるようにと秋岡氏と計り、秋岡氏所有の安定性抜群で絶対ひっくり返らないはずの二人乗りのリクレーション・カヌーに乗せることとした。新大原橋直下の川原から漕ぎ出して、そこら辺りでしばし練習後、昼メシをとり、後楽園付近の榊原病院の所まで旭川を下り、付近の別宮宅で休もうという計画である。

出発地点へ車を取りに引き返すため、鈴木氏の車を別宮宅に置いておく必要から、新大原橋午前十時として、九時半別宮宅集合ということにしていたのであるが、歳を取ると皆朝が早い！「はやる気持ちが抑えられなんだ」という鈴木氏は八時十五分過ぎにはもう別宮宅に現れた。五時前から起きてずっと「レディ」の状態が続いており、耐えかねて分かっているけどフライングしたということらしい。そうこうするうち

大山信氏

に秋岡氏も八時四十五分頃には現れ、「夕べは興奮してあんまり寝とらんでぇ。四時過ぎから起きてしもうて、遠足前の小学生みてぇなもんじゃなぁ」と言う。実は私も五時過ぎから起きていたのだ。歳を取ってくると、一日は短いのに朝の時間は長いのを、つくづく実感させられる。

途中コンビニに寄って買い物をして九時半には新大原橋直下の川原に到着。「初級カヌー教室」のこの日が初体験の一団が来ている。指導者の大山信氏は『岡山のアウトドアの顔』で、顎髭をたくわえた大男である。前日鈴木氏はこの店でパドリング・シューズを買っており、「うん、あれはおった」そうである。

鈴木氏一人に秋岡氏と私の二人がかりで、一人乗りリバーカヤックの特訓である。「基本的には自分の命は自分で守れ」「我々はそばにいてもほとんど何もできないと思え」「最期を見届けるぐらいはできる」「遺体が行方不明にならないようにはできる」などと現実的な話をまずかまして、彼と私の関係では滅多に立てない優位に立つ。我快哉！

適当なところで止めて、川原に座って早目の昼メシとする。その後は秋岡氏と鈴木氏が二人艇、私が一人艇で川下りである。日頃の視点とは違った景色の動き、新しい発見、自然界の速度、自分が動力源、スリル、緊張と弛緩等々鈴木氏の共感を呼ぶことが多かったようで、「こりゃあ面白《おもしれ》ぇ！　楽しいわぁ！」を連発していた。特に、大きく波立つ堰の切れ目の落ち込みに突入しようと話した時には、尻ごみの姿勢であったが、我々の「絶好の水量で問題無し」の勢いに圧倒され、不安を口にすることもできず、顔を引きつらせて、真顔になって、夢なら醒めろといった面持ちで突入態勢に入ったのであるが、水しぶきを被りながら無事突破した時には、「ヤッタ！　ヤッタ！」と歓声を上げて驚喜していた。曰く「わしゃー、カヌーにはまりそうじゃ。こうなるのが分かっとったけぇ、それが怖ぉーて、今までよう乗らなんだんじゃ」。我々の作戦は大成功を収めたということになる。

二週間後の八月末、塩田知己氏の脳神経外科専門医試験合格を祝して、塩田氏・鈴木氏・秋岡氏と私の四人で高梁川の『石庭下り』をやった。今回は鈴木氏も一人艇とした。一時間ほど静水で練習後、私・鈴木氏・塩田氏・秋岡氏の

はじめての川下りの鈴木氏（右）と秋岡氏

順に並んで下り始めた、鈴木氏は私の後をキッチリとついては来ているが、彼にはちょっと無理かなと思われる所もあり、きっと沈するだろうと予測というか期待していたが、次々に現れる瀬に果敢に挑戦的に向かっていく姿勢を見せ、一回も沈せずに下り切った。意外であったのは塩田氏で、声を上げて三回も沈している。屈強な若者のバランス感覚を狂わせるほど、専門医試験受験は苛酷な代物であることの証明なのであろうか。経験が永いはずの塩田氏が沈したのに、沈せずに下ったことは結果的には鈴木氏に大きな自信を与えることになった。

この日、鈴木氏は見るからに楽しそうで、歓喜の声を上げげっ放しであった。夜、鈴木氏より電話がかかってきた。些《いささ》か聞こし召している。

「今日はわしは大満足じゃ。今、女房と娘にどうじゃったか話して聞かせとるところじゃ。わしは、もうカヌーにはまってしもうたどーッ！　おっ、女房が何か言いてぇようる」

「先生、今日は主人がお世話になりまして、カヌーにはまり込んでしまったようです。うちの主人は趣味が多うございまして、詩吟でしょう、山でしょう、マラソンでしょう、それに『あれ』でしょう（そんな風に言われても私には想像もつかなかったのであるが、なぜかこの時電話の向こうで奥さんの小指が動いたのが私には見えたような気がした）。この上、カヌーが加わったら、我が家は家庭が崩壊してしまいます。先生、どうしてくれるんですか。どう思っていらっしゃるんですか？」

「いやぁ、我々の期待通りの展開で、大いに満足しています。それじゃあ、『あれ』を止めてもらったらどうでしょうか」

その後の話で、鈴木氏の娘婿太田洋氏[註16]がカヌーの超達人であることが判明したのである。なるほど、鈴木氏の歓喜とはまり込みようが良く理解できる。早速、超達人に技の指導を受けたい旨鈴木氏を通して依頼し、九月十五日（敬老の日）新大原橋下で十時ということになった。

その日が近づいてみると、運悪く台風十九号が接近し、実行が危ぶまれる状況となった。前夜、秋岡氏より電話で、

「できるかできんか分からんままで気を揉んどるなぁやれんでぇ。せぇに、天気の悪りぃ中でやっても楽しゅうねぇで。もう中止とゆうことにしましょうや。鈴木先生に、そう言うてつかあせぇ」と言うてきた。

「分かった。そんなら中止ということで、けぇから鈴木に電話すらぁ」と切る。

「鈴木か、おい明日《あした》の事じゃけどのお……」

「おお、絶対《ぜってぇ》やろうで！（周りで大勢の笑い声が聞こえる。酒盛りの雰囲気だ）今日、わしゃーヘルメットとライフジャケットを買《こ》うて来たぞ。今、ヘルメットを被《かぶ》っとんじゃ。受話器がへ

(16)　太田　洋氏（42）太田歯科医院（岡山市清輝橋）。鈴木健二氏の娘婿でカヌーの達人。我々の技術指導者でレスキューの要。

ルメットに当たってコツコツ音がしておえんどぉ、もおッ……。あれが言うにはのー、どうせ濡れることをするんじゃけぇ、少々の雨や風は関係無《ね》え。じゃろう？　それにのー、台風の動きが予想外に遅れとる。神は我々に味方しとるわけよ。今、あしたに備えて娘夫婦も来て、その話をやりょうるところじゃ。ほんなら、予定通り十時に。念のため七時過ぎに電話すらあ」。もう、鈴木氏のペースである。

「分かった。ほんなら、あした新大原橋の下で」

三人以外誰もいない新大原橋の直下で時々雨がぱらつく台風接近中のさ中、二時間足らず技の指導を受け、鈴木氏も私もずぶ濡れになってそれぞれのレベルなりに収穫を得ることができた。これからは、この超達人の指導を受けて、技の習得・向上に励もうと思っている。

それにしても、鈴木氏が加わったことによって、我々のカヌーはいよいよメジャーとして認知されたと思って良いのだろうか。それとも「札付きのマイナー」の烙印を押されたようなものなのであろうか。

『恩師・西本　詮先生の旭川カヌー下り』詳報！（1998年）

プロローグ

八月八日（土）いつものメンバーが新大原橋下に集合した。すなわち、鈴木・秋岡・別宮の三人が鈴木氏の娘婿でカヌーの達人で歯科医の太田洋氏に技の指導を受けようというのである。約二時間の特訓の後、川原に座り込んで雑談となった。

秋岡氏は「盆に休みが取れたんで、ダーッと川を下りてー」と言い、有光氏のいる「高知の仁淀川はどうじゃろー」と意気込むが、鈴木氏と私は「そりゃ遠いわー」と乗らない。鈴木氏の計画は「今年の夏は技の向上に絞ってここで練習を徹底的にやる。柔な気持ちでするような川下りはしない」と言うのである。そこで私が「折角三人休みが揃うんじゃけー、鈴木の技の練磨も兼ねて、旭川をダーッと建部スポーツセンターぐらいから下るのは如何《どう》じゃろう。後楽園まで全部というなあ鈴木ゃあ無理じゃけー、建部と御津の境界の小倉橋まで位《ぐれー》がちょうど良かろお」と提案。これには皆異議を唱えず、八月十六日（日）はこれでいくことに決めた。

こう決めた後で、私が

「水に濡れるんが苦にならん時期に、西本先生[註17]を一遍カヌーに乗せて、川を下ってみてーと思

うんじゃがのー」と洩らしたところ、

「そりゃー、面白れえなー！」と秋岡氏。

「そりゃー、ええ！　イケル！　別宮、それでイコー！」と鈴木氏。さらに続けて「西本先生はのー、学会で南米へ行った時に、同行の誰もビビッテようやらんのに、断崖絶壁からパラグライダーで飛んだ人じゃけー。あれは退官後のことじゃからのー。あの人には、あねーな所がある。誘うたら乗って来るかも知れんぞ！　誰が話すかのー。別宮、オメーが電話せー。それが一番ええわー」

「わしゃー、西本先生に電話するなー、イヤじゃなー。今まで、西本先生からの電話で気分の良《え》え話の思い出が無《ね》えからのー。せーでも掛けてみらー」と私。

勧誘

さて、元気とはいえ七十余歳の恩師・岡山大学医学部脳神経外科名誉教授で日本脳神経外科学会の重鎮の西本詮先生とどこを下ろうかと思案の挙げ句、昨年鈴木氏を初めて連れて下った

⒄　西本　詮氏（78）岡山大学医学部脳神経外科名誉教授。日本脳神経外科学会の重鎮。我々の恩師。尺八を能くする。七十余歳でカヌーにハマル。

のと同じ岡山市郊外の新大原橋直下〜後楽園付近の榊原病院下の旭川が適当と結論し、計画を立てた。ゴールを私の自宅付近にして、上陸後しばし寛ごうというのである。

ずっと電話をしようとは思ってはいるが、あまりに唐突な提案なのでどう切り出したものかと考えたりしていると、大いなるストレスとなり、どうも電話に手が出ず、一日二日と経ってしまった。思い切って清水の舞台から飛び降りるような気持ちで、やっと電話できたと思ったら、敵は留守で受話器が上がらない。何だかホッとするが、事が先送りになっただけである。結局、用件を一方的に伝えることができる「手紙」という形をとることに思い至り、計画の詳細含め、事細かに、A4白紙二枚にビッシリ一気に書き下し、『岡山城築城四百年記念・岡山の四季コンテスト・エッセイ集』に収載されている大渕瑞人氏の「旭川を下って岡山城へ」という参考文献のコピーも添付して、出勤前に速達で出しておいた。

その日の夜のことである。八時頃、西本先生から電話がかかってきた！

「別宮君、手紙ありがとう。読んだよ。詳しく書いてあるんで、大体分かったんだがー、去年の同門会誌の別宮君が書いた物の中の写真を見ると、皆ヨロイやカブトのような物を身に着けているようなんだが、僕にはあんな物は無いよ」

「すべてこちらで用意致します。ズブ濡れを、そっくり着替えるだけのものを御用意いただくだけで結構です」

「そんなら、一つ元気を出して行ってみることにするかな」

「お出でいただけけますか！　ありがとうございます。我々三人、ベストを尽くして御案内致します」

ただちに鈴木氏に電話する。

「おい、西本先生が乗って来たぞ！」

「そおか！　やったな！　これは面白うなったよ。しかし、これは大変なことだよ。天皇陛下みてえなもんじゃからのー。慎重に事を運ばにゃー、おえんど。西本先生に万一の事があったら、わしらだけが生きて帰るわけにはいかんぞ！　分かっとるのー！」と、例によって大げさだ。秋岡氏は、

「そおですか。そりゃー、ええですなー！　頑張ってやりましょう。せえじゃけーど、西本先生をヤル気にさせた別宮先生の手紙を読んで見てーなー」

「コピーやこうは、取っとらんけー、残念じゃなー」と反省。

記憶を辿って再現してみると、こんな感じだったと思う。

「暑い日が続きますが、いかがお過ごしですか？　本日は突然ながら『旭川カヌー川下り』のお誘いを御案内申し上げます。」と書き出している。「……何分にも多少のリスクを伴う遊びですので、慎重に御決断下さい。」とも書き、また「リスクの程度は、先生執刀の手術程度です。

先生がヤバイと思うような持病さえ無ければ、特に危険は無いと思います」と挑発的に迫ってもいる。「……しかし、ズブ濡れになるくらいの覚悟は必要です」とも付け加えた。

川に着くまで

八月十六日は朝から絶好のカヌー日和である。晴れ過ぎず、曇り過ぎず、わずかに青空が見える程度で、夏の川下りとしては、これ以上は望めない。午前九時別宮宅集合に合わせ、八時四十五分に西本邸へお迎えに参上。奥様には「御心配をおかけするようなことになりまして、誠に申し訳ありません」と詫び、ポロシャツ、半ズボン、スニーカーの出で立ちで、着替えを持った西本先生を乗せて出発。

「先生に乗っていただけるというので皆大喜びです」

「乗せてもらえるというので、僕の方も大喜びです。ところで、別宮君。詳しく書いてくれているので安心はしているんだが、船がひっくり返ったらどうなるのかネー」

「先生にお乗りいただく秋岡君の二人乗り艇は、ひっくり返りません」

「でも、ひっくり返った時は、うまく脱出できるのかなー」

「悪意をもってひっくり返さない限りひっくり返りませんが、あの艇はコックピットが広く、ほとんどオープンですから、ひっくり返った時点で身体は艇から離れます。ライフジャケットを着けていますから、必ず浮きますので、大丈夫です」

「うん、それは分かった。でも、船の下になったら、どうするかな？」

「浮かび上がったら、艇の真下だったという場合ですか？　艇の幅は身体の幅より少し広いぐらいのものですから、真下だと思ったら、ちょっと横に寄って下さい」と国会答弁並みである。

「なるほどねー。いやー、このことは今日一番に訊いておこうと思っていたんだが、大丈夫だな」と率直に納得の様子。

別宮宅に着いてみると、鈴木・秋岡両氏がすでに屋外で待ち構えている。鈴木氏の車・チャレンジャーにすでに私の艇も積んである。

「ようこそお出で下さいました」

「今日はお世話になります」

と挨拶を交わし、皆の着替えを別宮宅に置き、必要装備を鈴木氏のチャレンジャーに積み込む。

我々は西本先生はカヌーに乗るだけで漕がないものと考えていたのであるが、

「先生は漕がれませんよねー」と念を押すと、

「乗るからには漕いでみないと乗った甲斐が無いでしょう」

と積極的姿勢なので、西本先生用のパドルも積み込んだ。私の車は事後処理用に残し、西本先生は秋岡氏の車に、私は鈴木氏の車に同乗して、『新大原橋』目指して九時ちょうど出発。これから下る川筋を見ながら走り、要所要所で車を止めて、西本先生に説明した。

まず、新幹線橋梁の少し川上の、堰の切れ目の瀬というか落ち込みである。率直ながら、かなり波立った激流となっている。

「ここをどうするかじゃなー」と三人で話していると、

「どういうことですか？　ここは通るしか無いんでしょう？」と西本先生は勇ましい。

「いや、突っ切るか、それを止めて、上陸して歩くかということです」と挑発気味に私。

「これくらいの所は、通らないと面白味が無いでしょう」と西本先生。

我々三人、顔を見合わせながら「それじゃあ、突っ切るか」と決定。

次は、三野の水源地の取水口への水路から、本流への堰の切れ目の落ち込みで、激流となって流れ、川下側で大きく渦巻いている。西本先生は、

「ウーン、これねー……」としばし言葉を失っている。そのすぐ川上側に段差は多少あるが、カヌーに乗ったまま安全に超えられる、易しい通り方がある。

「面白味は少なくなりますが、上流側の方は段差はありますが、安全に通れます。オイッ、鈴木。オメーは激流の方をトライせえよ！」と私。

「こうなったら、ヤッパリ、激しい方を行きますかね」と西本先生は常に勇ましい。

実は、鈴木氏は昨年二人艇で初めてこの区間を下っただけで、一人艇でここを下るのは初めてである。「今度の川下りで一番危ねえなー、鈴木、オメーどー！」と前々から私が指摘しており、鈴木氏がこの二カ所のいずれか一方または両方で沈するだろうというのが、秋岡氏と私の暗黙の期待である。沈したからといって別に危険ということはないが、後始末で体力を消耗することになる。鈴木氏は、今回の川下りでは沈しても構ってもらえる立場に無いことを十分認識しており、内心ビビッているはずであるが、西本先生の手前、平静を装っている。

問題の場所の偵察も終え、新大原橋直下の川原に九時半到着。西本先生にも手伝ってもらって装備を車から降ろし、西本先生に対して基本的なインストラクションを行った。さらに万一に備え、ロープで救助する場合の『助けられ方』についても指導した。

西本先生が乗る秋岡氏所有の艇は二人乗りで、無理すれば三人乗れるファミリー向きの安定性抜群の艇である。秋岡氏は私が連れて来る若いナースを前と後ろに乗せて漕がせ、その間に挟まれてニンマリしながら川を下るのを得意とする。窮屈そうなので、「替わろうか？」と申し出ても、「イヤ、これで満足ですらー」と絶対に替わろうとしない。それはともかく、この艇でしばし秋岡氏の指導下に西本先生に練習してもらった。

旭川カヌー下り

西本先生が漕ぐ感じを大体掴んだようなので、出発に先立ち秋岡艇を岸に着け、秘密装備（蘇生用の『気管内挿管用具一式』と手動呼吸具『アンブー』）をコッソリ積み込んだ。必要な事態が起こるとは思えないが、『備えあれば憂い無し』である。溺れるということはまず無いと思うが、問題は滑り転んでの怪我と心臓発作と脳卒中である。

十時半出発。大原橋の川下にある堰によってこの一帯にできた大きな淀みをゆっくり漕ぎ進んで行く。水面上六十センチの眼の位置から見る周りの空・山・水の調和が絶妙で、その中に赤い大原橋が映えている。水に接する薄い空気の層は温度が低く、この中にある顔は快い微風を受け、実に爽やかである。

ここの堰の切れ目は、ド激しい流れとなって荒れているので、回避。上陸して艇を曳いたり提げたりして再び水に戻るのだ。足場の悪い露出した川の中を西本先生にも歩いてもらった。ヌルヌルして滑るため、西本先生が四つん這いにならざるを得ないシーンもあった。再乗艇後は快適な流れと波に乗って中原橋へ向かう。漕がなくてもどんどん流れて行ってしまうが、中原橋周辺は再び淀み、一転して漕いだだけしか進まない状態が続く。モーターボート・レースの愛好者たちが練習の準備をしている横をソッと通り抜け、川中を斜走する乙井手堰で集められた水が右端（西端）を幅十メートルほどの速い流れとなって三野水源地取水口へ向かう水路に入り、先ほど偵察した問題の激流に接近して行くことになる。

この取水口への流れから左へ直角に本流へ流れ込む堰の切れ目の落ち込みで、大波が立っているのである。堰の切れ目に入るのを躊躇していると、流されて取水口に吸い込まれることになるので、決断良く突入することが大切である。問題は、これを鈴木氏がうまくやるかどうかである。突入したら流れの芯に乗り流れに負けず漕げばよい。水を掴んだパドルは杖の役を果たし、漕ぐことが艇を安定させるのだ。

鈴木氏に「流れの芯に乗れーよ！」と指示しながら、まず私が突入。突破してすぐ救助に備える。鈴木氏がうまく突入して来るがやや芯を外れている。水を被りながら大波を突破、と思った刹那、グラッとしてアワヤと思わせたが、何とか持ちこたえて沈せず。残念！

「ヤッタぞ！　沈したと思うたぞ！」と鈴木氏は興奮して大声を上げている。

いよいよ西本先生を前に乗せた秋岡艇が突入する。

「秋岡君。僕はどうしたらいいのかなー」と秋岡氏を頼りの西本先生。

「まず深呼吸を三回して、まっすぐ前を見て、絶対に眼を瞑らんようにして、一生懸命漕いで下せえ。せーじゃー行きます！　深呼吸始め！　イッチ、ニー、サン！　突っ込みます！　ソリャー！」

西本先生はもう漕いでいない。初めは誰でも竦んで手が止まるのだ。秋岡氏は懸命に漕いでいる。西本先生は大波を正面から被りながらも無事突破した。

【川流】　師と友と挑む激流水しぶき

「ウーン、これは面白いネー！　楽しいネー！　恐ろしいという気はしなかったよ」と西本先生御満悦。

「この艇じゃったら、安心して行けますナー」とやや醒めた感じの秋岡氏。

このまま下ると、程なく大きな岩ごろたを積み重ねた落差の大きい切れ目の無い、従って水は岩の隙間を荒れ狂って流れる『洗堰』となり、通行不能で上陸も難しい。これを回避するため、パブリック・ゴルフ場がある川中島の北側を回って島の東北にある堰で上陸し、島の東側に出て再乗艇という方法を採る。洗堰の川下側に出て、これに接近。水中の白い泡が視野いっぱいになるまで近づくと、ワーッと全体が明るい別世界に入ったような眩しさの中で、涼風が心地良い。ここ辺りからが百間川の入り口に当たり、川中の島々を左に見ながら淀みを下って行くと「これくらいの所は通らないと面白味がないでしょう」という西本発言のあった問題の堰の切れ目である。

瀬の音が聞こえてくる。よく見ると東側の岸に人影がある。我々を狙っているようだ。ヤッパリ陸上からの写真撮影を引き受けてくれていた久山秀幸氏(註18)が来てくれている！　私が高速で彼のいる岸に着け、

「ありがとう。済まんなー。けーからこの瀬を突っ切るけー、できるだけ川下側から撮ってくれー」とアドバイスした。

瀬としてはまっすぐで素直であるが、大きな返し波があって、迫力があり、正面から水を被り、ズブ濡れになってしまう。まず私が突っ込み、鈴木氏も無事突破。西本先生はここでも漕ぐのを止めて突入。正面から激しい水飛沫を被りながらも満面の笑みである。『やったぞ！』と大満足の四人が水上に揃ったところで記念撮影。皆良い顔だ。

「西本先生、ここと前の所と、どっちがスリルがありました？」と私。

「うーん、そうだな。前の方かな。あそこは曲がっているからねー」とコメント付きで余裕の西本先生。

クライマックスを撮った久山氏も興奮している。

「久山、オメーもやろうや」と鈴木氏。

(18)　久山秀幸氏（55）岡山医療センター脳神経外科医長。元香川医科大学助教授。剣道・写真を能くする。

「ええ、是非教えて下さい」と久山氏。

この場で一時間半待ったという久山氏に皆で別れを告げて、出発。ここから先は、もう静かな流れというか静水に近い。新幹線橋梁・JR山陽線鉄橋をくぐると、ゴールの榊原病院が遠く正面に見える。その左手に後楽園の緑、右手

激流突破して大満足の笑み
左から鈴木氏、著者、西本氏、秋岡氏

「師と友と挑む激流水しぶき」。西本氏（前）と秋岡氏

に岡山シンフォニーホールの銀色の円筒が見え、岡山市街中心部に入って行くのである。

鈴木氏が遅れてきているのに気づいた。先ほどの激流が無事に終わったので、緊張が切れたのであろう。また、彼にとっては距離が少し長すぎたかもしれない。得意のマラソンのようにはいかないと見える。一方、西本先生は元気そのもので、秋岡氏とズット何やら世間話をしながら漕いでいる。ナ、ナヌッ！　後ろの秋岡氏が漕ぐのをさぼっているではないか！　新鶴見橋・鶴見橋をくぐって進むと岡山城が見えてきた。榊原病院下の河川敷に十二時四十五分上陸。

「まず、無事上陸したことを知らせておかないと」と西本先生は奥様に電話。艇と装備一式を土手の上の道路まで運び上げ、すぐ近くの別宮宅でシャワーを浴びて着替えてサッパリし、まずビールで乾杯。

「アーッ、ビールが旨いネーッ！」と西本先生の声が上がる。

後は妻の用意したささやかな料理を肴に、カヌー談義に花が咲く。

「君たちがやっているのは知っていたんだが、今まで何が面白いのかよく分からなかったんだが、やってみないと分からないもんだネー！　イヤー、長生きはするもんだ！　今日は本当に楽しい一日を過ごさせてもらった！」と西本先生は見るからに満足という感じである。

「先生のような影響力の大きい方にこの楽しさを分かっていただけたのは嬉しい限りです」と、我々一同も大いに満足で楽しい一日であった。

エピローグ

私の防水カメラで撮った写真はその日のうちに焼いて、感動の醒めぬ間にと、夕方には西本先生の許に届けた。後で聞いた話では、西本先生は翌日の十七日の月曜日には、顧問を務めている岡山療護センターで、施設長の衣笠和孜氏に朝一番にこの写真を見せている。十七日付けの西本先生からの葉書が十八日に届いた。

「昨日の旭川カヌー下りはまことに素晴らしい企画で、最高の一日を堪能しました。川面が涼しく、景色が美しく、適当な運動量の上に、急流を下る快感は何とも言えません……」と絶賛である。しかも、カヌーの魅力のすべてが、この短い中に凝集されているのはさすがであり、驚きである。

「……周到な準備をしていただいて、大体安心して乗艇致しましたが、危ないという感じも無く乗り切ったのは何よりでした。また機会があれば年に一回ぐらい参加させていただきたいと思っています。……」

と遠慮勝ちではあるが、既にハマッテイル。

妻は「西本先生に褒められたのは初めてでしょう」と揶揄する。悔しいが、正直のところ図星である。

八月下旬、久山氏からスゴイ写真が届いた。

「先生の旭川カヌーくだりを見させていただき興奮しました。西本先生の勇姿と満面の笑みのお姿も拝見でき感激しました。」と添え書きがあった。

美しい自然の中を悠々と漕ぐ三艇や、水しぶきを浴びながら激流を行く劇的一瞬を見事に捕らえた素晴らしいでき栄えの数々で、鈴木氏も秋岡氏も絶賛し、妻も、

「お父さんのドーデモエーような写真ばっかり見せられとったけーど、これは本当に凄いと思うわー。楽しさが伝わって来る感じで何遍見ても良いなー」と激賞する。

九月に入るや西本先生から電話があった。

「久山君の写真を見たかネー。あれはスゴイなー」

で始まり、先日の川下りの時のヘルメットやライフジャケットが新品のように見えたので、そうなら買い取るという趣旨の気遣いである。人を誘うことも多いので、それ用に以前から持っている物であることを説明し納得してもらった。

「それなら、今度行く時はそれを借りるとして……。履物だけは自分用のを持っておきたいと思うんだが……。この間は運動靴を履いて行ったんだが、あれは良くなかった。ヤッパリ、君たちの履いていたアレが良い。僕の足は二十四・五なんだが、アレはどこで手に入るのかな？」

もう完全にハマッテイル！

吉備国際大学教授の古田知久氏が、何年か前に私にこう言ったことがある。

「歳をとってハマリ込ンダラ始末が悪いですなー」

去年の鈴木氏に続いて、『始末の悪い人』がまた一人増えたことになる。大歓迎！　喜ばしい限りである。それにしても、今回の川下りを通して、師弟関係とは別次元で、西本先生と我々は、何も足さない何も引かないあるがままの身近な自然の中で童心に還り、野性味溢れるカヌー遊びの楽しさを分かち合える『お友達』になれたように思うが、自惚れであろうか？

同期生の訃報に接し、健康維持を真剣に考える（1999年）

同期生の訃報

この歳になると、ぼつぼつ同世代の知人の訃報に接する機会が増え始めた。亡くならないまでも、病に倒れたという話も耳にする。これが、同門同期となると、身にヒシヒシと迫り来るものがあり、他人事ではないというか、我が身も知らぬ間に、死の領域に片足ぐらいは既に入り込んでいるのではないかという気さえしてくる。早い話が、先日、助教授・松本健五氏(註19)に「死ぬまで同門会誌の原稿を続けて下せえよ」と言われたが、この例の如く、話の中に『死』の一字が何の違和感も無く紛れ込むようになった。そんなに遠くない将来の死を期待されているのかと思い悩んだりグレたりは、私はしない。

さて、今年になって同年輩の同門が二人逝った。これは同門同期生にはかなり応えたようで、五月中旬、一級上の水川典彦氏(註20)から電話があり、

「毎日毎日ストレスの連続でクタクタですわー。モー我慢の限界に来てるんヨー。ワシも、モー

(19) 松本健五氏(51)岡山市民病院院長・脳神経外科。空手を能くする。
(20) 水川典彦氏(62)水川脳神経外科・神経内科(神戸市北区南五葉)。同門で著者の一級上。大阪在住。

遊ぶぞー！　あいつが逝ったことを考えたりしたら、遊ばにゃイケンと思《おもー》てのー。何がええかと考えてみて、どうもアンタラのやってるカヌーがええと思うてサー。岡山まで行くから一遍教えてくれへんかー？」

と真に迫った雰囲気である。ちょうど五月二十三日に、「岡山カヌークラブ」恒例の『初級旭川カヌー下り』なるイベントがあったので、ちょっと乱暴かなとは思ったが、いきなり川下りに誘ってしまった。

旭川沿いのJR津山線野々口駅付近にある葛城橋の川上五百メートルぐらいから新大原橋までの、穏やかで易しい区間を下ろうというもので、中間点の下牧川原で昼食休憩となり、ボランティアのアウトドア・シェフにより食事が用意されるという、会費五百円の気楽な川旅である。

岡山カヌークラブ　初級旭川下り出発点

この日水川氏は、新大原橋直下川原九時集合に間に合うようにと、早朝車で大阪の自宅を出発という意気込みで、本気である。岡山市内の柳川交差点付近の奥さんの実家に七時過ぎには到着し、小休止後八時には徒歩で拙宅に現れている。集合場所で秋岡達郎氏と合流。上級者から水川氏のような初めての者まで五十余人が集まり、色とりどりの艇とウェアで賑やかである。

皆が次々に漕ぎ出して下って行くのと、漕ぎ出す場所が静水でなく、かなり流れているため、落ち着いて練習できる状況にないため、陸上で漕ぎ方と転覆した時の脱出の仕方を説明しただけで、いきなり流れに漕ぎ出してしまった。案の定、艇のコントロールがさっぱりできず、艇は回るばかりでサッパリ進まない。舵もフィンも無く、キール・ラインも付いていない丸底のリバーカヤック艇に初めて乗ったのであるから、直進できないのが当然で、誰でも通らねばならぬ関門である。では、どうしたら良いかということになるが、自転車に乗るのと同様、曰く言い難い部分が大きく、転覆しながら体得するしかない。

何しろ水川氏は螺旋〜二重螺旋を描きながら漕ぎ進んで行くのであるから、次第にうまくなっていってはいたが、秋岡氏や私の何倍もの距離を漕ぐことになり、また、二、三回の転覆もやり、これからの体勢の立て直しにエネルギーを使い果たしてしまい、運動不足で妊娠八カ月の腹になっている水川氏は、中間地点に着いた時には、フーフー大息をついてフラフラであった。この姿を見たリーダー・細木守氏が寄って来て、

「お疲れのようですから、ここでリタイアなさってはいかがですか」

と適切なアドバイスをしてくれたのはありがたかった。

結局、ここまででやめたのであるが、

「えらい目に遭うてシンドかったけど、今日はホントに楽しかった！」

と水川氏が喜んでくれたのは良かったのであるが、この体験を踏まえて、

「ワシにはヤッパリ川下りはキツイわー。もっと漕ぎ易い艇で、のんびりと釣りでもしながら、静水を行くことを考えた方が良《え》えと思うわ」

と結論するので、あと二、三回の練習でこの関門は必ず突破できることを説明したが、受け入れてもらうのはなかなか難しい。

八月下旬、琵琶湖で遊ぶことを想定しての慎

岡山カヌークラブ代表　細木氏（右端）

重な検討の後、前出の細木氏等のアドバイスを参考に、キールも舵も付いたＦＲＰ製の軽量小型シーカヤックを購入した旨、水川氏より電話があった。正式の進水式は岡山でやりたいという意向なので、一同馳せ参じるつもりである。まあ、指向は我々とは多少異なるが、『始末の

水川氏のシーカヤック進水式後の初乗り
井倉洞前にて

久山秀幸氏

悪い』カヌー仲間がまた一人増えて、愉快、愉快！

さて、もう一人、カヌーに乗った西本先生の写真を撮ってくれた久山秀幸氏もこの夏カヌーにハマリ込んでしまい、今や始末に困るくらいに燃えている。久山氏は自宅が旭川の側でかつ拙宅に近いので、私が誘って三回ほど手解きした。勘が良いというか器用な人で、最初からほとんど回転せずに直進するという有様で、端からうまい。燃えに燃えた久山氏は、電光石火アッと言う間にリバーカヤックと装備一式を調達してしまい、秋岡氏と私が何年か経ってやっと突破したような所を、もう我々と一緒に突破して楽しむ有様である。聞くところによると、新大原橋下の旭川で一人で密かに練習に励んでいるらしい。一人というのは、危ない、危ない！

【川流】　今年また困った輩が二人増え

久山氏のあまりの進歩に、先を行っていると思っている鈴木健二氏が、最近少し焦りを感じていると見え、空いた水が縮まらないようにと、彼は彼で技の練磨に励んでいるが、一方では「オイ、オメー、近頃は久山ばっかりで、ワシを誘わんじゃーねーか」と謂われの無い誹りを浴びせてくる始末。年寄りのジェラシーはイヤらしい、というより可愛いものだ。何せ、鈴木氏は公的にも私的にも忙しい御仁で、誘っても先約が多い。最近は野良仕事の先約もかなりあるようだ。目が覚めると余りにも天気が良いので「今日はどう？」と早朝彼に電話すると、野良仕事を予定している日だったりして、どうしようかと電話の向こうでしばし逡巡した挙げ句、昼まではカヌー、その後は野良仕事と欲張ったりする。

野暮点・介護交際

ところで、昨年夏旭川下りを楽しんでもらった西本詮先生には、秋にもう一度、我々三人の他に若い女性を三人ほど交えて、紅葉を愛でながら、もう少し上流の穏やかな旭川下りを楽しんでもらった。途中上陸して、川辺で「野点」の宴を張ったりもしている。作法などはそっちのけで、私は『野暮点《やぼてん》』と称ぶことにしている

満面の笑みの西本氏

同期生の訃報に接し、健康維持を真剣に考える（1999年）

「川の幸」秋岡屋

「田舎鍋」鈴木屋

「野暮点」佳奴庵（井倉洞前川原）

が、誠に楽しい一時であった。必要道具はカヌーに積み込んで持参し、毛氈に座り込み、湯を沸かすところから始める、なかなかの物である。鈴木氏が厳選した茶菓子を用意していたりして。モー、たまらん！

これらの若い女性と我々の交際を羨ましく思い、その関係を知りたがる輩には、『介護交際』とお答えしておく。定義は「①ボランティアであること　②得意の技で介護し合う」という代物で、今の所は専ら我々が得意のリバー・サイドでの彼女らに対するレスキューを含む一切の介護に終始しており、心に秘めた期待のベッド・サイドでの介護はまだ受けたことが無い。実は、このような若い女性との太陽の下での心浮き立つ爽やかな交際が、我々の元気の源・健康の源・若さの源となっているのである。この交際を続けていくためにも、常日頃から体力の維持・技の練磨に心がけておかなくてはと、我々一同駆り立てられるのである。

一歩進んで二歩さがる ～別宮流健康増進自己暗示法～

私の場合、健康増進を目的に、自宅前の川で四十八歳を過ぎてから始めたカヌーである。三日坊主で終わらずに続けるために、次の如き自己暗示をかけた。

『一日漕いだら、寿命が一日延びるが、一日漕がないと寿命が二日縮む』

どういうことになるかというと、週三日漕ぐと、三日延びて八日縮むことになり五日縮んでしまう。週四日でも二日縮み、週五日でやっと一日延びるという大変なことになってしまうのである。しかしながら、私は本気でこれを実践した。雨・風・増水・仕事・雑用等で、物理的に漕げない日もあるので、とにかく『漕げる日はすべて漕ぐ』である。実際には、早朝一気に三、四キロを三十分前後で漕いでから出勤である。最近は、暗示の呪縛も緩み勝ちであるが、『一歩進んで一歩さがる』でも週四日以上、『二歩進んで一歩さがる』にまで落としても週二日以上のペースが必要である。まあ、その内には緩み切って『漕いだだけ延びる』ということになりそうである。それでも十二月二十九日に漕ぎ納めをして、一月三日には漕ぎ初めをしたりしている。

同門本人の訃報がチラホラし始めた現実を踏まえ、健康維持・増進のために、何か事を始めようとする方々には、継続することを念頭に、この別宮方式の自己暗示を、自分に合うようにモディファイして、是非ともお試しいただきたい。そして健康増進・維持の実を上げていただきたいものである。そうする中で西本先生も体験した介護交際を実践すれば、効果は倍増致します、ハイ。

朝鮮海峡横断に挑戦！（２０００年）

プロローグ　カヌー流還暦祝い

昭和十五年生まれの鈴木健二氏（四二卒）が今年還暦を迎えるという話は昨年から知っていた。ちなみに今年は庚辰《かのえたつ》である。還暦というのは、数え歳の六十一歳で五千十二支が一巡りして生まれた年の干支に還るというもので、一月一日が来たら還暦の年であるから、満六十歳で祝うということではないはずである。近頃は「数え歳」とか「呼び歳」ということを言わないが、生まれたら即一歳で、一月一日が来たら歳を一つとるというもので、十二月生まれなどは生後一カ月経たぬうちに二歳になってしまう。このように数えた六十一歳が還暦である。ちなみに私が小学校に入学した頃には、「八つあがり」「七つあがり」と言う表現をしていたが、今はすべて満六歳と表現する。

『赤い翁帽に赤いチャンチャンコ』という在り来たりのものではない還暦祝いを、我々風のカヌー流にやりたいものだと常々考えてはいた。昨年秋、たまたま真っ赤なインフレータブル・カヌーを入手できるチャンスがあったのがキッカケで思い付き、装備一式赤ずくめの鈴木氏を作り、川下りを楽しもうという絵図である。

さて、春になったらこういう企画で川下りをしようと時期を窺っていたのであるが、寒さが和らいでからと考え、ゴールデン・ウイーク辺りが適当であろうと結論し鈴木氏に打診した。

「二十九日《んち》以外《いげー》、もう先約で埋まってしもーて、イヨイヨ、どねーにもならんど。せえからのー、二十九日《んち》はワシの誕生日でのー。まあ、他人にワザワザ言うほどのことでも無《ね》えんで誰にも言うとらんのに、休みニャアなるし、国民が日本中で祝うてくれるのにはマイッタ、マイッタ。この日ャー、家族が集まって祝《いわ》ユうしてくれる言うんで、オエンわー、もーっ」と言う。「一日《んち》中いうこたあ無かろう。そりゃー夜のことじゃろうが。昼間はええんじゃあねんか？　近回りなら良かろうがーっ！」と強引に、午前十時新大原橋直下川原集合ということにした。

鈴木健二氏の還暦祝い

集まったのは、例によって鈴木健二氏・太田洋氏（鈴木氏の娘婿でカヌーの達人）、それに私と、私が連れてきたお馴染みの若いナース二人の五人である。これに、ドンナことになるのかと、途中から偵察と写真撮影に現れた鈴木氏の娘さんとお孫さんも加わり、真っ赤なヘルメット・真っ赤なライフジャケット・真っ赤なカヌー・真っ赤なパドルではしゃぐ鈴木健二氏を中心に一騒ぎした。ちょっと遅れて駆け付けた秋岡達郎氏も『佳奴庵』の『野暮点《やぼてん》』などの趣向に加わり、また若い女性からは、めでたい趣向に合わせて、新しい福山の銘菓として十日前に売り出したばかりの『福山三福』をお土産に貰い、鈴木氏はもう感激の極みの相好であった。この場でのこれらのセレモニーの後、昼過ぎには久山秀幸氏も加わり、役者が揃ったところで、後楽園まで川下りを楽しみ、爽やかに鈴木健二氏の還暦祝いの半日を終えたのである。

朝鮮海峡横断の夢

鈴木健二氏が還暦を迎えたということは、すなわち同期の私も還暦が近いということである。実は、平成九年に従来のリバーカヤッキングに加え、シーカヤッキングもするようになってから、漕げるうちにチャレンジしておきたい夢『朝鮮海峡横断』がモヤモヤと沸き上がって次第に大きくなってきたのである。還暦を超えたら色々な意味合いから実行が難しくなるので、もう今年か来年しかないということに思い至ったのが、この鈴木健二氏の還暦祝いの直後の感慨の中でのことである。

『文明が渡来した道を自力で漕いで逆に渡る』『自力で漕いで外国へ行く』というのは、ロマン溢れる企図で、何と魅力的で誘惑的で、そそられるものであることか。『後が無い』『やるなら二〇〇〇年の今年だ』という強迫的な想いが膨らむ一方、子供も部下も言うことを聴かず勝手なことばかりするしで、精神衛生上何らかの『爆発』の必要もあったのである。

早速、情報をあさり『日韓国際海峡横断チャレンジ2000』なる、対馬〜釜山をシーカヤックで渡ろうという企画を見つけ、計画書を取り寄せた。通称『朝鮮海峡』は正式には『対馬海峡西水道』というのである。『上対馬町国際交流協会』と『JOP（ジャパン・アウトドア・プラニング）』主催のこの計画書の冒頭の『目的』に曰く「対馬島と大韓民国とは、一衣帯水の関係にあり、歴史的にも関係が深く、国際海峡である対馬海峡西水道四十九・五キロを自力で漕破し、大陸文化のルーツを訪ね…（中略）…日韓両国の栄えある未来を祈念すると共に、日韓友好親善の絆をより深める事を目的とする」。これは私の想いそのままで、大いに気に入ってしまった。

早速エントリーしたのであるが、電話で話した時、対馬海流に流されるので実際には六十キロぐらい漕ぐことになること、一時間に五分の休憩で三〜四ノットを維持し九時間漕ぎ続けることなど具体的情報を知らされた。これは私には無理と思えて腰が引けてきたのを察知してか、六十五歳の人もエントリーしているとプレッシャーをかけてくる。

トレーニング

それからというものは、大げさな言い方をすれば、専門医試験を受けるぐらいの意気込みで、漕ぎのトレーニングをやったつもりである。実際、今年は鈴木氏の還暦祝いの後は、ゴールデン・ウイーク中に秋岡氏と二人で錦川下りをやっただけで、後はすべて私一人で個人トレーニングに打ち込んでおり、例年煩いばかりにかけてくる誘いの電話が余りにも無いので、鈴木氏の奥さんは、私がきっと病気で体調が悪いに違いないと確信し、私の様子を探るようにと鈴木氏をプッシュしていたという。

期日が近づき、対馬への艇の輸送の具体的打ち合わせのために電話で話した時、前記スピードでやれると思う旨話したところ、休憩は一時間に五分では流される距離が長くなり、その分取り戻さにゃならんので、結局休んだことにならないため、三分ぐらいが適当だろうということになったと厳しいことを言う。

対馬へ

七月二十日（海の日）に対馬北端・上対馬町大字比田勝の国民宿舎『上対馬荘』に千葉・東京・静岡・大津・大阪・岡山・佐世保など全国から応募した十二人が集結する。他の人は皆福岡からの夜行のフェリーで五時間半かけて早朝やって来るが、私は十分な睡眠と体力温存のため、前日に着いておくことにした。上対馬町までの何と遠いことか。新幹線で岡山駅を午前九時に発って福岡から空路三十分ほどで対馬空港で、島内はバス二時間余りであるが、飛行機もバスも便が非常に少ない上に連絡がすこぶる悪い。上対馬荘に着いたのは午後五時である。

上天気のこの日、飛行機から見た対馬海峡東水道は穏やかで、白波は認められなかったが、対馬の向こうに見えるものと期待していた二日後に漕ぐ西水路は残念ながら雲がかかり見えなかった。

比田勝港から出国するのであるが、これは福岡側にあり、対馬北端を回って釜山に向かうのは限られた時間内での海峡横断には甚だ不利であるので、当局の特別の計らいで、午前四時三十分からの比田勝港で出国手続き後、ただちに伴走船で釜山側の鰐浦港に二十分余りで移動し、本来は出国後は立ち寄れないところ、上陸して、あらかじめ準備しておいたカヤックに乗り込んで夜明けと共に出発という苦肉の策である。というのは、釜山でも当局の特別の計らいで正規の場所でない所へ係官が出向いてきて入国手続きをしてくれることになっており、約束の午後三時に到着していないと上陸できなくなるという事情がある。従って、漕ぎ得る時間は最大九時間余りしか無く、五分でも十分でも早く出発したいのである。通常以外の方法で国境を超えて外国へ行くというのはかくも大変なことなのである。

リハーサル

夕方到着する一人以外全員が早々と勢揃いしてしまったので、対馬の海を軽く漕ぎに行くことになった。

鰐浦港に来てみると、揃いの法被を着た住民が、八人漕ぎの和船（八丁櫓）を整備している。聞けば、我々と一緒に横断にチャレンジするのだという。酒を勧められたが、これから一漕ぎするのでと遠慮し、皆で漕ぎ出した。

多少波はあるものの海は穏やかで実に綺麗で澄んでいる。海岸は険しく浜がほとんど無い。あっても砂浜ではない。対馬空港に着陸する時も、海からそそり立つ断崖絶壁の上にいきなり滑走路があり、まるで航空母艦に着艦するようで、崖に衝突しはしないかと気を揉まされ、手に随分力が入った。往路のバスの中で感じたのであるが、瀬戸内の島であれば、浜沿いに島を一周する道路が必ずあるが、この島にはこれが無く、島の中ほどを高い位置で縦断する道路があり、これから分岐する形で海辺へ道が延びて下りている。食べた後の『皿の上の魚の骨』のイメージである。

三時間ほど漕いだのであるが、途中狭い石ごろたの浜に上陸して昼食を取った時、大阪から来ている若者に勧められ、シュノーケルを着けて海中を見てビックリ！　小さな青い熱帯魚がいる。その青さもグラデーションがあり色々で、実に美しい。初めての体験であったが、潜りの世界にハマルのも分かるような気がした。

鰐口港に帰着し、翌日の出発がすぐにできるように準備して、九艇（一人艇七、二人艇一、

韓国展望所より見た鰐浦港
陸上の八丁櫓が見える。その向こうに我々の艇が並んでいる。

三人艇一）を浜に整列して置く。後で係官が検船をしに来るのだそうだ。密輸があってはならないからであろう。その気になればかなり物を積み込める艇なのである。

一つくらいは観光スポットに行っておこうと、何しろ日本中で韓国に一番近い町なので、『韓

韓国展望所の掲示より

韓国展望所の登り口にて記念撮影。左よりビクター、著者、１人おいて大矢氏、１人おいて紅一点・藤江氏、１人おいて阿倍氏、右端は長谷川氏。

国展望所』に皆で登ったのであるが、残念ながら五十キロ先の韓国はこの日は霞んで見えなかった。すぐ目の前の島には自衛隊のレーダー・通信施設が物々しく別世界を形成しており、この海峡の軍事上の重要さを示している。平成九年には、このイベントで横断中に韓国警備艇の威嚇射撃を受けているという緊張の海峡なのだ。ここの展示物にはすべて日本語とハングルの説明が併記されている。対馬への観光客の一割が韓国からの人だそうで、そういえば町中の標識にもほとんどハングルが併記されているのが頷ける。考えてみれば、国境を挟んでいるとはいえ、位置的には九州よりも韓国への方が遥かに近いのである。ちなみに、比田勝港〜釜山港五十キロ、比田勝港〜博多港百四十七キロである。

すごい参加者たち

夕方六時からのミーティングまで上対馬荘で『若者組』と『そうでない者組』と『紅一点』の三組に分かれて寛いだ。私はもちろん『そうでない者組』である。話してみると、皆それぞれ面白い面々である。

今回のイベントの世話役JOP代表の長谷川広海氏（四十六歳）は、まるでカヤッキングしなくて如何《どう》するという名前である。代表などと称しているが、ちゃんと定職があり、彼の遊びの部分がＪＯＰで、実体は彼一人らしい。彼は大津在住であるが、トラックを自ら運転して、私の艇を含め対馬まで艇を運んできている。彼は一九九五年にこのイベントに参加し完漕に成功している。今回はリーダーとして主催者側に回っての参加である。こういう人がいなくては、ことが成り立たないというものである。

長谷川氏のトラックに助手役で便乗して参加した大阪の大矢浩一郎氏（三十三歳）は、部分的には未完成の自作のシーカヤックを持ってきている。ベニヤ板製のように見えるがＦＲＰ製で、骨格のベニヤ板が透けて見えているのであって、強度は十分であると力説する。ヤスで魚を突くのが楽しみで、そういう道具を持ってきており、今日も大きな獲物を仕留め、「僕はもうこれで十分満足です」と言っている。

ＪＯＰ代表長谷川広海氏（右）と大矢浩一郎氏。シーカヤック運搬のため著者宅へ来てくれた時に撮影。長谷川氏の頭の上のところで横積みにされた艇の後部キールライン上にスケッグ用のスリットが見えている。

長谷川氏の仲間の阿倍年雄氏（五十三歳）は大物らしく、過去に友人と二人で伴走船を対馬で雇い、韓国側から対馬経由で九州まで、一週間かけて完漕していると言う。この時百五十万円かかったと言い、一人一日十万円の遊びでしたと軽く言う。このイベントにも何度か参加しているが、こちら側からの完漕には成功はしていない模様である。

ビクター・H・マダムバ氏（六十四歳）は今年九月に退役する佐世保基地の米軍人である。奥さんは日本人の由であるが、日本語はあまりしゃべれない。ベトナム戦争、湾岸戦争も体験したと言う。すでに九州沿岸を一周しており、退役後はフィッシングとカヤッキングをして過ごすと言い、次の目標は四国一周で、海を移動しながら上陸して八十八カ所巡りも同時に行うのだそうだ。

紅一点の可愛い新婚さんの藤江恭子（二十七歳）女史は阿倍・長谷川氏の仲間で、今回は特製三人乗りシーカヤックの真ん中で両氏に挟まれて漕いでいる。新婚の夫の急な東京から九州への転勤に伴う引っ越しと重なってしまったが、夫も家具家財も梱包のままほったらかして、こちらに来てしまったと言う、困った嫁である。「九時間の間、海上でのオシッコはどうするの」と尋ねたところ、本人には「どうにかなるでしょう」とかわされたが、長谷川氏が「汗になってしまうのでまずその心配は無いでしょう」と言うので一応納得したが、どうも気になる。

後の面々については省略するが、いずれも只者ではない面々である。

ビクターはバッグの中の装備の点検に余念が無く、入れたり出したりをずっと繰り返している。それを見ている阿倍氏は『ビクターは出したり入れたり、同じことばっかりやっている』と笑うが、阿倍氏自身も大きなバッグの中に溢れんばかりの要る物や要らぬ物をイッパイ持ってきており、入れたり出したりを繰り返している。そのうちに皆仮眠。

朝鮮海峡の女神は気難し屋

このイベントが十数年前から毎年開催されてきているのは知っていた。すでに何百人もの人が完漕に成功しているものと思っていたのであるが、ここに来て、色々話を聞いてみると、サニアラズ。完漕のチャンスは非常に少ないよう

八丁櫓朝鮮海峡横断完漕記念碑。中程に立花氏の名前が見える。

である。毎年募集しているが、応募者が少なく取り止めになったり、集結したが天候が悪くて中止したり、横断を始めたが海流・風・波等の自然条件が悪くてスピードが上がらず、約束の三時に釜山港に着き得ないので、全艇伴走船に撤収したりで、最近では一九九五年に完漕に成功して以後果たせていないと言う。和船八丁櫓も時々挑戦するらしく、一九八七年に初めて完漕した時のメンバーの名前を刻んだ記念碑が建てられているぐらいである。朝鮮海峡の女神はなかなか微笑まないのである。コリャー、完漕できたら大変なことだ。

ミーティング

さて、六時からの大広間でのミーティングでは八丁櫓に乗り込む人、伴走漕船員、イベント関係者、それに我々という大勢が集い、主催者である上対馬町国際交流協会のドン総元締めで上対馬町議会議員の立花勝明氏とＪＯＰ長谷川広海氏を中心に、出国関係書類の記入完成と明日の行動予定の詳細が確認・決定されていく。

午後九時、消灯。午前三時半、起床。用意された握り飯・味噌汁を食べ、荷物を持って比田勝港へ移動。四時半、結団式。四時四十分、出国手続き開始。急いで伴走船に乗り込み鰐浦港へ向けて出発。装備以外の荷物は伴走船に残し、遅くとも五時半には鰐浦港を出発。伴走船は三隻。一隻は専ら八丁櫓を伴走する。二隻はシーカヤック群の前後を伴走する。シーカヤックは四ノットを維持する。遅れる艇を待つことはしない。他艇から甚だしく遅れた艇は管理運営上順次伴走船に撤収する。正午の時点でシミュレーションを行ってみて、そのまま漕いで三時に釜山港に着く見込みが無かったら全艇を伴走船に撤収し、八丁櫓は曳航して釜山へ向かう。以上。幸運を祈る！

朝鮮海峡横断

翌朝、準備して屋外に出ると、「風がありますねー」と話している。「ヤバイかな」と言うのも聞こえる。嫌な予感。揃って港に着いてみると、やたらに人数が多い。ナ、ナント八丁櫓の漕ぎ手の奥さんや子供も伴走船に乗って釜山に行くんだそうな！「そんなに軽く考えられると困る！」ってものである。我々を含め総勢五十余人となった。『日韓友好国際海峡横断トライアル2000』と書かれた大きな横断幕の前で記念撮影をそれぞれやっている。結団式には町の御歴々が来ていたが、長くなるのでドン・立花勝明氏の采配で予定通りほとんどしゃべらさず、手短に済ます。駆け抜けるように出国手続きを済ませ、追手から逃げるが如く伴走船に飛び乗り、ただちに出発。まだ暗い。

対馬北端を回り鰐浦港に着く頃には明るくなってきた。艇に駆けより準備をしていると報道陣が押しかけてきて邪魔をするが、ほとんど紅一点の『困った嫁』に集中している。一人くらい私の所に来てもいいではないか。シーカヤックは手早く漕ぎ出したが、八丁櫓が手間取り、出

結団式でのドン・立花勝明氏

朝鮮海峡横断中の八丁櫓

発は一斉にやるということで待機させられ、出発は午前五時四十五分になってしまった。

空は快晴であるが、昨日に比べ風があり波が高く白波が立っている。五ノットで進むはずの八丁櫓を先頭にしばらくは纏まって進んだが、これが遅い。一時間経たないうちにシーカヤック群は八丁櫓を置いて先行に転じ、次第にばらけていった。八丁櫓は左右四人の八人でおのおの櫓を漕ぎ、交代要員も乗せているので、休止すること無く漕ぎ続けるのである。ガレー船と同じように調子取りがいて桶を叩いているので、かなり離れてもこの音が聞こえてくる。波が高いので先を進んでいる艇が波間に消えたり見えたりしている。白波は砕けて散っている。眼鏡に潮を浴び見えにくくなる。休憩している三人艇にやっと追い付いたと思ったら、長谷川氏は「休憩は取れましたか」と言い残してさっと行ってしまう。

風と波が強いので漕いでいないと不安定でパドルからおちおち両手が離せない。ということは、手の届くデッキの網袋に入れているペットボトルの水を飲むのが難しい。蓋が取れないのである。でも、これは何とかできる。どうにもならないのは、エネルギー補給用のカロリーメイトである。まず、紙の箱を開けなければならない。まあ、これは何とかなっても、中の丈夫な銀色の袋が一瞬の動作では破れない。やっとの思いで破り、一ブロックを慌てて頬張る。残りの一ブロックは落下しスプレー・カバーの上で一波毎に海水を浴びズルズルに溶けてネチャネチャになっていく。こんなわけで、水も食べ物も一杯持っているが、残念ながら思うに任せない。この点二、三人艇は交代できるので羨ましい。『困った嫁』は写真を撮ったりもしている。長谷川氏も、阿倍氏も、ビクターも漕ぎながら飲む装備を持っているのを昨日見た時、「そこまでやるか」と思った自分の未熟振りをつくづく反省させられた。

八丁櫓は停止して休まないので、次第に盛り返し中ほどを走っている。だんだん先行艇と私の距離が離れていく。先頭伴走船の他に前方に五艇が見える。後ろに、三艇いるのだ。かなり離れて最後尾伴走船が波間に小さくチラッと見えた。

【唉呵】　カヌー駆り此の身頼りに対馬出で
　　　　　荒れ海原の国境を越ゆ

風と波に弄《もてあそ》ばれあまり進んでいるようには思えない。先頭伴走船がだんだん小さくなって、先行艇の姿が波の上に見えなくなってしまった。気がつくとエンジンの音が聞こえる。伴走船がすぐ横に来ている。「大丈夫ですか」と船長が笑いながら声をかけて来る。「大きなお世話だ、あっちへ行け」と言いたいところ、「大丈夫です」と答えると、スッとどこかへ消えていった。しばらくするとまた伴走船が寄ってきて「こっちにはビールがあるよ。この荒れようじゃあダメよ」と悪い誘惑をする。見れば『ベニヤ板の若者』らしいのが乗っている。「まあ、もう少し頑張ってみるわー」と言うとまたどこかへ消えていった。誘惑し回っているらしい。また来た。「もう、諦めたらどう、間も無く全部撤収になるよ」と言う。ベニヤ板も「上がれ、上がれ」と声をかける。時計を見ると九時十五分。三時間半ほど漕いでいる。闘志を削がれ撤収に応じた。荒れる中で伴走船に移るのが大変で、艇を引き上げるのも大変だ。

ソレッとばかりにポカリスエットをガブガブ飲み、バナナをガッツガッツ飲み込んで渇きと飢えを抑え込む。船長が全艇を撤収するので海面を探してくれと言う。波が高く白波があるので、どこにいるのか分からないのである。ものすごい揺れで立っておれない。何度も転倒した。まさに『天気晴朗ナレドモ波高シ』である。気分が悪い。畜生！船酔いだ。「あそこに一艇いる」と急行して、撤収にかかる。船縁に乗り出して下を向いて作業をしていると、今にも吐きそうになる。慌てて反対側の船縁に走り、乗り出して、ウワッと滝のような嘔吐をダーッとやり、すぐまた反対側の船縁に取り付き作業を手伝う。

撤収に際し皆それぞれ無駄な抵抗を一応やっている。全艇撤収確認後、八丁櫓は曳航して、一目散に釜山に向け走る。若者も元気がない。残念さもあるが、乗せられて皆船酔いしている。船長によれば、港を出てすぐ「この様子では今回もダメで、三時間ほど漕いだら撤収だな」と読んでいたと言う。何と最後は対地速度が二ノット以下になっていたそうだ。ベニヤの若者は一時間ぐらいで転覆しハッチ内が水浸しになったため早々とギブアップしたのだそうだ。

釜山が見えた。独特の塔のような形の島が見える。海は大分穏やかになっている。都市を抱える海の宿命なのか、水は汚れがひどい。絶対に三時には釜山港に入っておれる所まで接近して、まず八丁櫓が漕ぎ始めた。シーカヤックも順次降ろして再度漕ぎ出した。なんと水の冷たいこと。釜山港突堤を入り、釜山海洋大学の競技ボート用桟橋に揃って到着。午後二時半過ぎである。

『歓迎。韓日友好国際海峡横断試図』と漢字で書かれた大きな横断幕を持った人が走っている。花束を持った女性もいるし、暑い中スーツ姿の人が桟橋に並んでいる。ここで泳いでいた学生も物見高く集まっている。過去に苦い経験があるのか、訳知りの船員が「係官が来るまでは、接岸しても良いが、一歩たりとも桟橋に上がっ

釜山にて。中央の背の高い黄色のシャツを着ているのが田中康男氏。その左が著者、一人おいてビクター。

てはいけない」と大声で何度も念を押す。早く着き過ぎたので係官がまだ来ていないのだ。何とも締まりの無い間合いである。そこで、隣にいた東京から来ている若者に、華麗にロールをやって見せてやれと耳打ちし、「Ladies and gentlemen, today's special attraction!」と私が大声を上げ、彼が幾つかの華麗な技を披露し、喝采を浴びた。そうこうするうちに係官も現れ、事はおさまった。

釜山にて

やっと入国し、釜山の土を踏む。現場での歓迎セレモニーの後、ホテルに移り歓迎レセプション。観光関係の地区の偉いさんがたくさん来ていた。こんなことを毎回やっているのだろうか。

この日は一人だけ遅れて上対馬荘に着いた千葉から参加の田中康男氏（五十一歳）と同室となった。彼は仕事でこの辺りに住んでいたことがあり、地理にも明るく、ハングルも分かる。一緒に街をブラついたが、何でも分かって、不安が無い。露天がやたらに多く、昔の日本を思い出させるが、若い女性はめっぽう綺麗で、東京より先を行くファッションの震源地と教えられた。部屋に帰って、カヌー談義をし、使い方のよく分からなかったスケッグ（出し入れ調節可能なフィン）のことやパドルの選び方等についての話は素晴らしく、目から鱗の思いであった。

完漕する気で準備していたので、翌日はホテルで寝て休養することしか予定に無い。合計しても四時間半ほどしか漕いでいないので疲れていない。そこで、翌日は八丁櫓ファミリーの慶州観光に阿倍年雄氏・ビクターと共に交ぜてもらうことにした。

国際海峡倶楽部

慶州観光のバスの中で、阿倍氏が「こんなことをやっています」と名刺を二枚くれた。『京セラ』の偉いさんである。もう一枚には『国際海峡倶楽部理事』とある。ホテルがこの日混み合い、ビクター・阿倍・私の三人相部屋となり、夜はドン・立花氏のお勧めの焼肉屋へ三人で行き、大いに飲み、食い、語った。

「僕の倶楽部の連中は皆ヘンナ奴ばかりなんです。でも、ヘンな奴らと遊ぶのが楽しいんです。僕もヘンですが、長谷川君だってヘンな奴ですよ。でも、彼がいると不思議に何でもうまくいくんです。こんなこと言っちゃあ失礼ですが、別宮さんもこんな所まで来るぐらいだから、相当ヘンな奴ですよ。どうですか、僕の倶楽部に入りなさいよ」

と阿倍氏が迫るのである。

エピローグ

完漕の暁には上対馬の絵葉書を釜山から仲間に出してやろうと考えて買い求めていた。完漕はできなかったが出してしまった。反応は様々である。
秋岡達郎氏は「そりゃあ、暴挙ですなあ。じゃけーど、よう行ったなー！」
鈴木健二氏は「バカッ！　オメーは冒険家にならんでも宜しい！　二度とするな！」(「ロマンじゃがな」)「阿呆！　冒険家は皆そう言うんじゃ」
西本　詮氏は「えらいことを考えるもんだなー。で、岡山からは他に誰が行ったの？」
塩田知己氏は「すごい！　これは快挙ですよ！　僕もやってみたいです！　ヨーシッ！」
水川典彦氏は「生きて帰ったかー！　そおか。じゃあ、キセルみてえなもんじゃな！」
久山秀幸氏は「ボカア信じられませんでした。嘘じゃと思いました」
私自身は、あまりにも大きな挑戦の後、虚脱状態に陥り、漕ぐ気になかなかなれぬまま二カ月以上経ってしまった。ぼつぼつまた始めるとしよう。

秋岡達郎氏、くも膜下出血より完全復帰し、カヌーを楽しむ（2001年）

秋岡氏の発病からカヌーへの復帰までを外野から

昨年末には十二月二十九日に漕ぎ納めをして、年が明けたら一月三日には初漕ぎを私自身は一人でやっていたが、『漕ぎ初め』ということで『焚き火』をしよう」と皆に声をかけ、一月十一日（日）岡山市の街はずれの旭川・新大原橋直下の川原に集まった。春から秋にかけての週末や祭日には大勢の人が来ているが、さすがに寒い季節なので、川原には他には誰もいない。本来は『漕ぎ初め』といきたいところであるが、水は冷たく、鈴木氏も久山氏も艇を持ってきていない。秋岡氏と私は艇を持ってきているが、車に積んだままで降ろそうとしない。そもそも雰囲気作りのための背景として持ってきているだけなのである。

この種の作業に慣れている鈴木氏は、小屋を壊して持ってきたという木切れや、ナタ・斧なども積んできているのは、さすがである。彼の指示に従って薪を作ったり集めたりしながらガンガン火を焚いた。風向きによっては煙で涙も出るが、実に痛快である。餅を焼いたり弁当を食べたり秋岡氏が入れたコーヒーを飲んだりしながら、今年の計画等を話し合った。その中で、「皆ええ歳になっとるケー、健康につぃちゃア、他人にゃァ推し量れンところが有るンで、誘いはするケード、参加するかどうかァ、自分自身で率直に判断して決めて、決して無理ューせんようにしょうデエ」と申し合わせ、『漕ぎ初めをした』ことにして解散した。

その十一日後の二月二十二日夜八時頃、秋岡氏がこの日の朝『くも膜下出血で倒れた』との知らせがある筋から入ってきた。水島中央病院に入院しており、比較的軽症らしいということぐらいしか分からない。すぐ同院脳神経外科医長の三島宣哉氏に電話で聴いてみようかと思ったが、三島氏も大変であろうと、思い留まった。

食事をしたり風呂に入ったりしたが、どうも気になって落ち着かない。そうだ！　と思い付き、鈴木氏に電話する。予想に反し、鈴木氏はまだこのことを知らなかった。

「おい、焚き火の時でノーて、良かったノオ！」が最初のレポンスで、「ほんまに、何が起こるか分からんノオ。気ューつきょうデエ」で終わった。

その後も落ち着かず、悶々としていたが、十一時過ぎになって、思い切って三島氏の自宅へ電話してしまった。

「先生、早いですねー。まだほとんど誰も知らないはずで、箝口令も敷いてあるんですがー。先生誰かに話されましたーッ？」

「鈴木だけにャー、サッキ話したケード、他にャー誰にも話しとらンよ」

「エ、エーッ。鈴木先生！　こりャー、ダメじゃ。すぐ広まりますねー。伏せておいてくれという秋岡先生自身の意向なんですけどー」

「鈴木に口止めしとくワー」

前夜半から急に異様な頭痛が続くため、朝、倉敷リハビリテーション病院に出勤して自分でオーダーしてCTを撮り、軽微なくも膜下出血を見つけ、自ら水島中央病院に入院し、脳血管撮影検査を受け脳動脈瘤を確認したこと、意識清明で神経学的脱落症状無く経過し安定していること、二月二十四日に大本教授立ち会いの許に手術が予定されていることなどを知り、ホッとする。

「おい鈴木ィー。三島がノー、わしがオメーにしゃべった言うたら、こりゃー、もーダメじゃー言うとったぞー。秋岡の意向で伏せてあるンじゃそうな」

「公表したも同然言うたか。あいつがノー。ワカッタ。アリガトウ。誰にも言わン」

その後問題なく経過し、手術後の経過も順調の由、耳にしていた。退院するという知らせが入ったので、三月十日に妻を伴い鈴木氏と共に見舞いに行った。

頭皮切開の跡がクッキリ見える髪の毛の短い頭は、意外にもサカヤキの部分の毛が少し薄いのを新発見したが、元気そのもので、焚き火をした時と何ら変わった様子は無かった。

「ケエからア、オーバーホールの済んだ、あんたが一番安全なンじゃから。マー、ケエならまたカヌーができラー」と確信できた。

「考えたり心配したり、色々あったじゃろうが、何が一番気がかりじゃったア？」

「年老いた母と、娘のことですかナア」

「ホーレ、ナ。私のことは出て来んのじゃから」と奥さんが揶揄する。

「そーいうわけじゃアねえンじゃケード。まいった、まいった」

「マー、マー。奥さんは、言うまでもねー別格よ」とフォローしつつも、そんなものかナーと感銘を受けた。


四月になり、ぼちぼちカヌー始動のシーズンとなったが、「今日はどう？」と気軽に声をかけていた秋岡氏に、今年はそれができないので調子が狂うというものである。四月からは仕事に復帰はしていたが「カヌーにゃア誘いにきぃケー、こっちからア誘わんケー、自分で大丈夫と思うたら、そっちから声をかけてくれー」と伝えてあるのである。

例年、ゴールデン・ウイークには仲間を集めて川下りをやってきているので、今年は秋岡氏には声をかけずに何をしようかと思い巡らせた結果、五月五日に水川典彦氏の還暦祝いという趣旨で、彼の技量を考慮して、旭川の建部町スポーツセンターから八幡温泉までの穏やかな短区間を下り、温泉に入って寛ぐという計画を立てていた。


ところが、四月下旬になって秋岡氏から電話がかかってきた。

「今年もゴールデン・ウイークにャア、川下りの計画が何かありますかナー？」とウズウズして我慢できない様子である。

「還暦祝いという趣旨で、水川先生に合わせて易しい短区間にしてあるんじゃケード」

「あそこなら、今の私でも楽なもンですナー。私も行きますケー、入れて下せー」

「おい、エエンカー？　術後まだ二カ月じゃろオが」

「手術で切った頭蓋骨が動く感じが時にあるケード、あそこなら大丈夫でしょう」

秋岡氏が一緒に川を下ると言っている。彼からこういう電話がいつかかってくるか心待ちにはしていが、もっと先になるものと考えていた。予想より早いが、問題は無いと確信した。彼にすれば、術後の経過も至極良好という実感を踏まえ、このシーズンになったら、ウズウズして我慢できないのであろう。漕いでみようと思え

水川氏還暦祝い兼秋岡氏全快祝い。いざ出発。建部町スポーツセンターにて
左より著者、秋岡氏、水川氏、鈴木氏、久山氏

秋岡達郎氏、くも膜下出血より完全復帰し、カヌーを楽しむ（2001年）

ること自体が嬉しいのでもあろう。「ヨーシ、ヤローッ！」。川下りの趣旨を『水川典彦氏還暦祝い兼秋岡達郎氏全快祝い』に変更した旨、早速皆に連絡した。

　川下り当日の秋岡氏の様子は、以前の彼と何ら変わった所は無く、鈴木氏の心配を余所に、波を楽しんだり、崖をよじ登って一番に上陸したり、下でモタモタしている者や艇を引っ張り上げたりで、今まで通りの活躍振りで、動き回っている。くも膜下出血術後二カ月余の病み上がりとは到底思えない身のこなし振りで、パーフェクト以外の何物でもない。ただ一点、ヘルメットと頭の折り合いは、今一つシックリしなかった由ではあった。

　臨月の妊婦のようなおなかのスリム化が課題の水川氏は、秋岡氏に持って来てもらったキー

「水川氏還暦祝い兼秋岡氏全快祝いカヌー川下り」建部町八幡温泉対岸にて
右から秋岡氏、水川氏、鈴木氏、著者、久山氏

ル・ラインの付いた安定性抜群の艇を使用したので、三回「沈」して『死にそうなほど消耗』した前回と違い、今回は一度も「沈」せずに行けた結果、消耗が少なく「ちょっと物足りない感じだなー」などと余裕のポーズ。

装備一式を水から引き上げた後は、川のせせらぎの音の中、土手に座り込み、各自持参の握り飯の弁当を広げ、たわいもない談笑に興じる。後は、八幡温泉に浸かって寛ぎ、極楽、極楽。健康なればこその珠玉の一時である。

こんなわけで、この日は秋岡氏のカヌーへの『無傷での復帰』を皆で確認し、喜び合った記念すべき日となったのである。

【川流】　還暦と快気祝いのカヌー行

富士登山

昨年の夏はシーカヤックで朝鮮海峡横断に挑戦したが、今年は富士登山を思い立った。日本人なら、一生に一度は登っておくべき山といわれているが、私はまだ果たしていない。インターネットで情報をあさってみて、酸素が薄いのが一番の問題点と把握した。

出勤前の三、四キロのカヌー一気漕ぎを続けていると、血清コレステロール値が低下するのはもちろん、確実に赤血球が増えるということに以前から気づいていた。私の場合、本気で取り組んでいると血液一立方ミリメートル当たり五百十万個を超えたりする。怠けると四百五十万に低下する。この歳になると、多すぎるのは良くないが、酸素運搬能が高まるという点に着目し、富士登山前しばらくこれに励んでから臨んだ。

【仙流】　カヌー漕ぎ赤球増やして富士登山

近畿日本ツーリストの一泊二日のツアーに参加した。岡山を早朝新幹線始発で発ち、新大阪でバスに乗る。これからの強行軍に備えて寝ておけと添乗員が言うが、若者好みの音楽をチャカチャカやっているので、とても眠れたものじゃない。ほとんど眠らないまま、富士山五合目吉田口に到着したのが午後五時。すぐ着替えをして食事を済ませ、午後六時にはハンドライトを手にした登山ガイドに連れられて登山開始。

間近に見る富士山は美しくも何ともない。横をいつ見ても山容の一部分の斜めの線が視野にある、単なる瓦礫の山に過ぎない。つくづく富士山は遠くから眺めてこそ美しい山だと感じる。さもなくば、達成感を求めて、こうして登るかだ。変わり映えのしない景色の中、合目毎の山小屋が近づくと、まずトイレの臭いでそれと分かるのに気づいた。ヘッドランプを点けて八合目到着したのが十時二十分。すでに数人リタイアしている。ここで仮眠と言われ、山小屋に入り、寝場所を割り当てられ身仕度を解き、寝袋に入ったのが十時四十五分。登っていく人の足音や声が絶え間無く続いている。

深夜零時起床。皆、目は瞑って静かにしていたが、全然眠れていない。零時十五分出発。実に慌ただしい。霧雨の闇の中をヘッドランプで登って行く。見上げると、光の列がジグザグに連なっている。九合目を過ぎてすぐの岩場で、女の人がうずくまって動けなくなった。ガイドが九合目の山小屋まで連れて行くと言い、しばし待っているよう指示して、私のヘッドランプを貸せと言って取り上げ、女の人を背負って下り始めた。暗闇の岩場で自分の足元が見えないので、身動きが取れないのには本当にまいってしまった。すぐに「一緒にゆっくり下りるから皆登ってくれ」と、仲間の人が声を上げてくれたので、ヤレヤレ。

雨の中を登りながら、『御来光はオエンなア』と諦めていたのであるが、九合五勺を過ぎた辺りで真上だけポッカリ穴が開いたようにキラキラと星が見え出した。この穴が次第に大きくなっていく。雲の上に出たのだ。頂上が近づくに連れて登山道の混雑は凄まじく、渋滞する。前を行く人の尻に額を押しつけそうになりながら、前の人が一歩登ったら一歩登り、止まったら止まる。こんなことでは御来光に間に合わないのではないかと、皆イライラしている。辺りは少しずつ明るくなっていく。

段差の大きい最後の階段を登り、鳥居をくぐって頂上に到着したのが午前四時過ぎ。『やったゼ！』達成感にしばし浸る。カヌー・トレーニングのお陰で、シンドイとは感じなかった。四十五人のツアー・グループであったが、途中で三分の一がリタイアして頂上に立っていないことを考えると、カヌーで富士登山をしたようなものである。役目を終え今年解体撤去される富士山頂レーダーの最後の姿を眺めた後、御来光に臨む。

果てしなく拡がった雲以外何も無い夜明けの薄明かりの東の端から、キラーッと輝く光線が『刺』してきて急に明るくなった。御来光である。本当に光が輝いていて、光にツヤがある。塵が少なく、乱反射が少ない効果であろうか。目映く輝く太陽、ダーッとどこまでも続く白い雲海、青い空。天地創造の世界はかく哉という思いである。四十年ほど前の学生の時、日本で見える二十世紀最後の皆既日食を、網走の天都山頂で見た時のダイヤモンド・リングは素晴らしかったが、太陽を見て感動したのは、あれ以来である。とにかく、一生に一度はやっておくべきことが幾つあるにせよ、これで一つ減らせたという気がする。

私の場合、登りには何の苦痛も感じなかったが、下りは大変であった。上りに比べ随分大まかなジグザグの幅の広い下り専用道で、踵から足をつき、ザーッザーッと少し滑りながら、随分速く皆降りて行く。九合目辺りで両膝が痛み始め、八合目辺りで膝の痛みのために皆について歩けなくなり、それはもう大変な苦労をして、それでも何とか歩いて、出発時間に間に合うように四時間半で下山を完遂した。考えてみれば、下山で膝にかかり続ける衝撃は、カヌーとは無縁の物である。

【仙流】　登れたら下りが難儀の富士登山
　　　　　遣り残し一つ減らした富士登山

日本脳神経外科学会総会スペシャル企画・川下りカヌーツーリング

昨年春の教室からの今学会総会に対するアイデア募集に対して、秋岡・鈴木・久山氏らと共謀して、二十一世紀最初の総会にふさわしい『前代未聞』『空前絶後』の企画として、『川下りカヌー・ツーリング』を提案していたが、忘れてしまっていた。今年四月下旬、助教授の田宮隆氏から「準備・運営などすべてそちらでヤルのなら『川下りカヌー・ツーリング』をやってくれ」という主旨の報があった。このことについて五月五日の川下りの時話し合い『ヤル』ことに決めた。

装備の確保や万全のサポート・レスキュー体制の確保のため、プロのカヌー・インストラク

秋岡達郎氏、くも膜下出血より完全復帰し、カヌーを楽しむ（2001年）

ターにも参画を頼んだ。外国人の参加者をも想定し、たまたま一緒に旭川を下って知り合ったニュージーランド人の若い女性で中学校で英語を教えているカヌーの達人を招聘する心づもりで、教育委員会にもアプローチしていた。鈴木氏は前夜の懇親会での余興の算段をあれこれやっていた。

参加者募集のために、脳神経外科教室技術員の脇本氏により『西本詮名誉教授』の文字が実際に踊っている、凝りに凝った派手な『第六十回日本脳神経外科学会総会スペシャル企画・川下りカヌーツーリング』なるホームページが作られ、七月上旬取り敢えず教室のホームページにリンクされたが、残念ながら学会ホームページへのリンクはグーッと遅れてしまった。

十二単の裾を一枚一枚捲っていくようなマニアックな快感でページを捲り続けていかない限り、簡単には人目に触れない奥の院に在ったのであるが、カヌーをやるような輩が事前に開催教室や学会ホームページにアクセスして、キョロキョロ詮索するであろうかと考えてみると、私自身そんなことは決してしないし、私の周りを見回してみても、残念ながら『否』と答えざるを得ない。ほとんど知られないままになっているのではないかと思う。助教授の田宮隆氏は「アクセスの回数は割合あったんですがネー」と言うが、私自身五十回ぐらいはアクセスしたような気がするので……。

結局、参加者は少なく、西本詮名誉教授を含む七人で、残念ながら外部からの参加はゼロであった。マア、こんなことになる可能性は十分あり得るとは思ってはいたが、現実のものとなるといささかショックではあった。「たとえ身内だけになってもヤル。ただし、この場合は川下りの場を計画の旭川から高梁川に変更する」というのが当初からの予定である。外部に予約していたことはすべてキャンセルし、いつもと変わらぬ仲間だけでの川下りとなったが、それでも学会のスポーツ&アトラクションとしての正式の川下りという看板に変わりはないという認識で事を運んだのである。

十月二十七日（土）午前十時、高梁川中流の総社市美袋《みなぎ》の水内《みのち》川原に集合したのは、カヌー歴順に秋岡達郎氏・私・塩田知己氏・鈴木健二氏・西本詮氏・久山秀幸氏・水川典彦氏の七名である。ここを終点に上陸する。身仕度を整え、出発地点の高梁市落合に向かう。ここは高梁川と成羽川の合流点で、ここから下は水不足で下れなくなることはない。

秋岡氏と私が川下りを始めた十数年前に比べ、最近の高梁川は水位が下がっており、水位が良いなと思える時は濁流であったが、今年の秋は濁流でないのに水位が高く、昔のような感じがする。この日も水は綺麗で水位は最近にしては高かった。これは良いと思いつつ、眼下に見える我らが『石庭』を西本先生に説明しながら百八十号線を北上した。高梁川東岸の高梁市斎場の下の川原から出発して川を下り、西岸の水内川原に上陸という計画である。決して斎場の下の此岸から三途の川を渡って彼岸に行こうとしているわけではない。

何か『学会の川下り』ということを如実に示すものが欲しいと前夜思い巡らし、演台にかけてあったあの『旗』が良いと思い至った。当日早朝、誰もいない医局に行きキョロキョロしていたら、『あった、あった』。医局長宛の無断借用書を書き置いて、大事に抱えて持ち出した旗を掲げて記念撮影をし、私が『川下りカヌー・ツーリング』の開始を宣言し、西本先生の発声で『第六十回日本脳神経外科学会総会、バンザイ！』を三唱した。

例によって西本先生は秋岡氏の二人艇の前のシートに座る。水川氏は今度も五月に使った秋岡氏のあのキールライン付艇に乗り、塩田氏は舵の付いた大きな所有艇である。鈴木氏は川下りをせず、上陸後の温かい物での皆のもてなしの準備に専念すると言う。

初めの三百メートルが波が大きくダイナミックで面白いのであるが、水位が高いため障害物は少ないが流れは速く、波は大きく力強い。最初の波で「こりゃア、塩田は沈するゾ」と思った途端、すぐ後ろで塩田氏が沈。速い流れの中でどうしようもない。始末の悪いことに、塩田氏はひっくり返ったままで艇もパドルも手から離し、彼自身の身柄と三つが別々に流れて行く。

沈した時のマナーはパドルは手から離さず、すぐ艇に取り付き、艇内に水の浸入が少ない内に素早く艇を起こし、パドルをコックピット内に入れて、艇の一端に取り付き、一体となって障害物に気をつけながら瀞場まで流れて岸に着けるのである。三つを別々に回収するのは大変であるし、一人では動きが取れなくなってしまうからである。

久山氏と二人で何とか塩田氏の立て直しが済んだが、水川氏は無事であるものの、大丈夫のはずの西本・秋岡艇が川上の方で岸に着けて何やらやっている。波が大きいので、波を被るたびにコックピット内に多量の水が浸入して、艇が重くて操縦困難のため、水を排除していたの

いつもの仲間ながら、日本脳神経外科学会エムブレムと共に
左より著者 西本氏、久山氏、秋岡氏、塩田氏、水川氏　水内川原にて

である。それでも、西本先生は「波を浴びてビショ濡れになると『何糞！』と闘志が燃えてきて、懸命に漕いで面白かったよ」と常に勇ましい。

塩田氏は結局三回沈したが、いずれも三者バラバラで回収と立て直しに時間を取られてしまった。彼にとっては、まさに『三途の川』ならぬ『三度の川』で、死ぬほどヘトヘトの体である。また、西本・秋岡艇も何度か水を排除しながら下り、結局、塩田氏の立て直しに費やした分だけ一時間ほどゴールが遅れ、待っている鈴木氏をヤキモキさせてしまった。

着替えてサッパリしたところで、またまた例の旗を出して、西本先生差し入れの冷えたビールで『乾杯』の記念撮影。輪を作って座り、各自持参の弁当を広げ、鈴木氏が精魂込めて用意してくれた素麺汁の振る舞いを受け、コーヒーあり抹茶ありの、緊張から解放された談笑の一時である。西本先生から『この旗はネー、昨日学会の最後に、大本教授から次期会長の信州大学の小林教授に、もう手渡されたんだよ』と教えられ、ビックリである。こんな調子で、今総会スペシャル企画・川下りカヌーツーリングの一日を、楽しくかつ無事に終えたのである。

【啖呵】　笛吹けど聞こえぬ輩は当てにせず
　　　　恩師と仲間で川下りヤル

瀬戸内海横断～笠岡諸島（2002年）

季刊誌『カヌーライフ』に、岡山市の鈴木修二氏の『CSC』が主催する『瀬戸内海横断』の広告が掲載されているのを見つけた。『CSC』のイベントには過去に何度か参加しているので、締め切りも過ぎ、期日間際であったが、電話してみた。

鈴木氏の考えている技術レベルに達していない人は参加させないこと、従って一緒にツーリングをしたことの無い人は判断の仕様が無いので断ること、リーダーの指示に従わず勝手に行動する人は参加させないことなどを聞かされたが、私は彼の眼鏡に適い、連れていってもらえることになった。他にも参加者がかなりいるような話し振りであったが、当日早朝、指定された集合場所である国道二号線沿いのファミリー・レストランの駐車場に行ってみると、参加者は主催者の鈴木氏の他には、奈良県から来た『CSC』の馴染み客で『部長』と呼ばれている細川氏と私だけで、総勢三名の寂しい限りの代物であった。

鈴木修二氏が主宰する『CSC』は『Climbing Sports Club』の略で、「海なのにどうして」と言いたくなってしまい、変な感じである。尋ねてみると、かつては登山を主体にシーカヤックのガイドもやっていたが、今はシーカヤックだけしかやっていないけれども、名称は定着しているし、私のように何の略号か気にしたり詮索したりする輩もほとんどいないので、そのままにしていると言うのである。彼は過去の記憶から「別宮さんが参加すると海が荒れる」と言うが、私にはそんな認識は無い。

部長・細川氏は、私とほぼ同年輩でやや若いといった感じで、某家電メーカーの部長と聞いている。備讃瀬戸がお気に入りで、休日はすべて遠路奈良から車を駆って『CSC』のイベントに参加して、備讃瀬戸でシーカヤッキングに興じているいという猛者で、すでに何度か一緒にツーリングをやったことがある知り合いである。

大きなシーカヤックをルーフ・キャリアーに積んだ車三台を連ねて国道二号線を西に走り、笠岡で外れて、橋を渡り神島《こうのしま》に向かう。この信仰の島の中はどこをどう通ったかよく分からないが、先導されるままに細い山道を右往左往走り回って、出発地の浜辺に辿り着いた。隣に有料のリゾートがあり、良い道路が整備されているのが見える。想像するに、あそこを通れば随分楽に来られたに違いない。

荷物を車から降ろして出発の準備にかかる。これがなかなか大変だが、それも楽しみのうちである。テント・寝袋・衣類・雨具・コンロ・ヘッドランプ・水・食糧など自分用の装備一式をコンパクトに纏めて前後の船艙に振り分けてギッチリ積み込む。四国までの間のどこかの島に上陸して浜辺でキャンプしようというのである。準備しつつも、ほとんどはっきりした予定の無い、良く言えば、状況次第でどのようにも変化・対応できる、フレキシビリティーに溢れたこれからの航海を前にして、奮い立つ想いと不安とが交錯し、いつに無く緊張しているのを感じる。

至極大雑把なルートの説明を受け、地図のコピーを貫い漕ぎ出した。空は快晴で風も穏やかな快適なカヌー日和である。三艇が横並びになったり縦並びになったりしながら、三十分漕いでは五分休むというペースで、ゆっくり景色を楽しみながら進んで行く。

笠岡諸島が飛び石状に南西に向かって連なっており、南の端の『六島《むしま》』まで二十キロ余りで、その先四キロ半の県境を含む水路を横断すると、四国・香川県詫間町の北西に延びた半島の突端に辿り着けるわけで瀬戸内海横断という目論見である。果たしてうまくいくやらどうやら。

『高島』を含む初めのごちゃごちゃした小さな島々や『白石島』を左手に見ながら進み、約十キロ漕いだところで、『梶子島』の砂浜に上陸して、昼食の大休止となる。梶子島から真向かいに眺める白石島は穏やかな容姿を紺碧の海に浮かべ青空をバックに実に美しい。

『北木島』を左に見て、『小飛島』を右に見て漕ぎ進み、『六島』に向かう。左手に遠く『真鍋島』が見える。小飛島を過ぎる辺りで、それまでの快調さとは打って変わって何か漕ぎ難さを感じるようになった。空は青空で変わり無いが、多少雲が見え、風が出てきたのである。斜め後ろからの風で進路が定めにくい。波もある。こういう場合はスケッグというフィンを船尾船底より出して安定を計るらしい。ところが、私の艇にも装備されてはいるものの、出し入れのためのスリットに砂が入り詰まって引っかかり、出せなくなってしまい、そのままずっと使わず

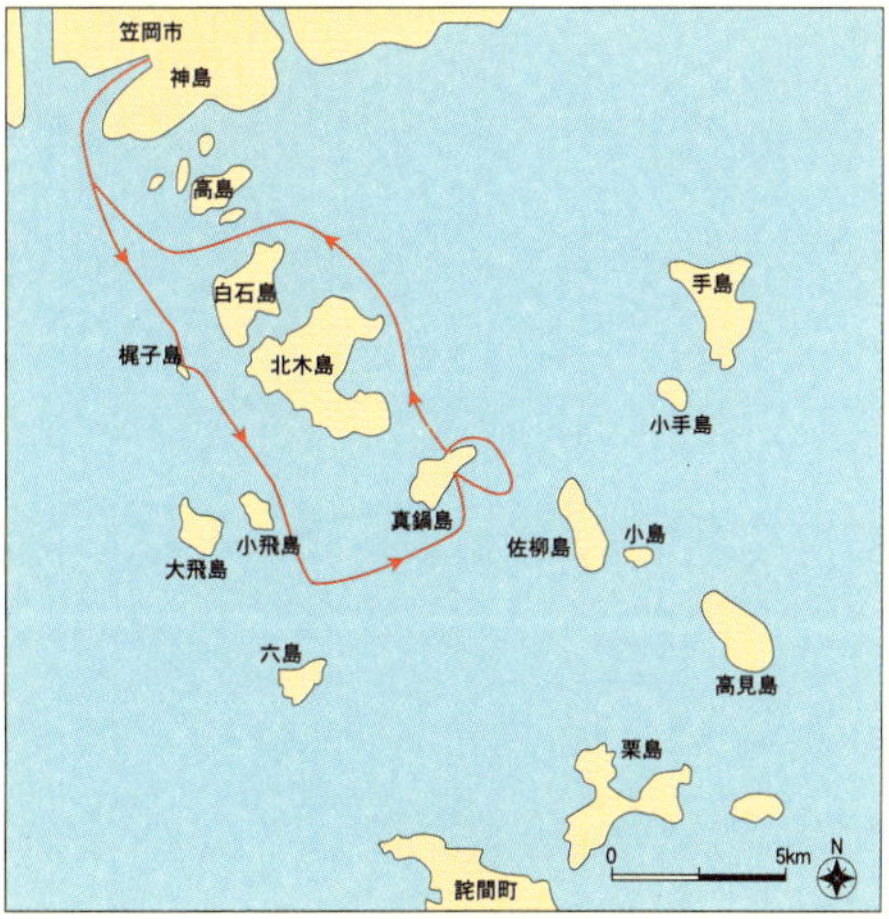

笠岡諸島

梶子島にて。向こうの島は白石島

じまいで通しているため、修理しないままである。従って、この必要な場面で使えないという
お粗末だ。思えば、これが今回のツーリングでのケチの付き始めで、次々と泥沼にはまり込ん
でいくことになろうとは知る由も無かったのである（194頁の写真参照）。

それでも方向を修正しながら漕いでいたのであるが、風は次第に強くなり、波も大きくなっ
てくるに至り、リーダーの鈴木氏が、六島へ辿り着くのが危ぶまれると判断し、真鍋島へ避難
上陸することを決断した。これは実に見事な決断であった。急遽左へ方向転換し、真鍋島を目
指して全速力で漕ぎ進んだ。島陰に入ると嘘のように穏やかとなり、落ち着きを取り戻して島
の南側の浜に上陸した。辺りを探査してみたが民家など全く無い。

その日はもう漕ぐのをやめて、ここでキャンプすることになり、着かず離れずに散らばって、
それぞれ好きな場所に好きなようにテントを張った。その後は一緒に食事を作り、焚き火を囲
んで、飲みかつ語らいながら、至上の夕暮れを過ごすのである。明るいものは、ヘッドランプ
と焚き火だけの三人の世界である。自然の明るさのリズムに完全に従わざるを得ない世界に身
を置いてみると、夜はかくも早くから始まるのだと思い知らされる。翌日も頑張らねばならな
いので、早々とそれぞれのテントに潜り込んでしまった。

打ち寄せる波の音で朝眼が醒めてみると、昨日同様良い天気である。朝食を済ませ、店開き
して広げ切った装備一式を手早く小さく畳んで艇に積み込む。

さて、「今日は、この島から南東に連なる島沿いに、多度津方向へ向かって横断を試みましょう」と言う鈴木氏の指示に従い、まず県境を挟んだ隣の『佐柳島《さなぎしま》』を目指して、『今日こそは！』という思いで、勇んで漕ぎ出したのである。沖に出てみると波も風もあり、逆光線の中でギラギラと金色に輝く海は素晴らしく、その中で波間に見え隠れする友艇のシルエットの美しさは格別であったが、「こりゃあ、ダメです！　無理はやめましょう！」と、早々と鈴木氏が中止を決断し、左へ旋回して、往路の反対側の真鍋島・北木島・白石島の東側沿いに笠岡市・神島の出発地へ『帰ろう！』ということになった。

真鍋島の岸近くを北に向かって漕いだ。北木島が見える所まではどうということはなかったのであるが、その後が大変である。真鍋島と北木島の間は二キロほどであるが、何と左から右へ川のように流れているのである。風も同じ方向に吹いており、白波が立っている。潮流と風が相俟って、デェレェことになっているのだ。しかし、空は相変わらず上天気のままだ。

鈴木氏が言うには、「これを横切るとなると、相当流されることになり、あまり流されると戻る目途が立たなくなるので、できるだけ真鍋島側の最上流部から横断を始める必要がありま す」で、頷ける理屈だ。そこで、真鍋島の岸近くを上流（西）に向かって懸命に漕ぐのであるが、流れと風に阻まれて、いくら漕いでも、さっぱり進まない。

それでも僅かずつ何とか進み、島の北側で、町の家並みの東の端辺りに上がる小道の付いた小さな砂浜に辿り着いた。ここで大休止である。艇を砂浜に十分引き上げておいて、階段を上がって、ヤーレヤレ、一息つくことができた。今までより高い視点から、目の前の北木島との間の水路を眺めると、潮の流れや白波の様子がよく分かる。海が和らぐまで、ここで様子を見ようということになり、そこら辺りに寝転んだりしてしばし待ってみたが、一向に海は和らがない。

気がついてみると、我々の周りを遠巻きにした老人の姿が眼に付く。彼らは我々が上陸した時にはいなかったはずである。どうやら、我々がどうするのか興味を持って観察しているようだ。しかし、視野の中心に捕らえる風ではなく、視野の端に常に置きながら、そ知らぬ風を装っている感じである。突然闖入した奇異で無謀な若者（彼らからすれば、我々も若者に違いない）の行状観察が、格好の退屈凌ぎになっていると見える。我々のことで話し合っているのが分かる。そのうち、一人の老人が我慢仕切れなくなった様子で我々の所まで来て、「あそこの浜はもうじき潮が満ちて無くなるよ。船をここまで上げとかんと流れてしまうぞ！」と教えてくれた。スワッ！　大変！　浜に駆け降り、流れそうになっている艇を間一髪で引き戻し、上まで運び上げ、セーフ！　この労作でドッと疲れた。老人たちは満足げに大笑いで喜んでいる。一息ついていると、先ほどの老人がまたやって来た。「ここを渡るつもりならやめとけえ！　漁師でもこの荒れようじゃあ出て行かん！」と、教育的指導を浴びせかけられてしまった。ありがたき忠告と評価して、これに素直に従うことにした。

それにしても真鍋島の周りを南側から北側に移動しただけなので、まだあまり時間も経っていない。取り敢えず島内散策をしようということになった。私は何だか身に危険が迫っているような予感とでもいうのか、漠然とした不安を感じ始めていたので、散策の間に密かに他の帰還方法に当たってみた。フェリーに艇を積んで帰るというのは魅力的なアイデアと思える。勇んで港に行ってみると、ガックリである。高速艇の便はあるがフェリーは着かないと言うのだ。高速艇には艇を積んでくれないと言う。艇を置いて身柄だけ高速艇で帰るというのはいつでもできるが、後日艇を取りに来て漕いで帰らなければならないの

部長・細川氏（左）とＣＳＣ主催者鈴木修二氏（右）

で、最後の手段でしかない。残る方法は船を雇うしかないが、そこまでするほどの状況ではない。結局、このことについては、口に出さないままで終わった。

海の様子は相変わらずで和らぐ兆しがない。すぐ傍に公園風の空き地があり、屋根の下に大きなテーブルや腰掛けがあり、水もあるので、そこでキャンプすることにした。

翌朝も天気は上々である。やはり風があり海は白波が立っているものの、昨日よりは多少ましかという感じである。いつでも出発できるように態勢を整えて待機してタイミングを見定めていたのであるが、午前八時ちょうど、鈴木氏が遂に出発を決断した。「よし、今しかない！ 渡ろう！ 流されないように！」の号令で三艇一斉に漕ぎ出した。波や風に翻弄されながらも一生懸命に漕いだ。必死になって漕いだ。三艇が次第に離れ離れになっていく。怖いと思った。不思議にも、三分の二余り渡った所で急に穏やかになった。真鍋島方向を見ると今まで通り白波が立っている。北木島が衝立の役をしているると思える。その陰に入ったのだ。

その後は、それまでの悪夢から醒めたように、一変して快適なコンディションとなり、「イッテェ、今までナァ何ナラ！」と声を上げずにはいられない。上天気の海を鼻歌交じりに悠々と無事帰還したのである。潮流と風と波に翻弄されたものの、思い出深い貴重な体験であった。

【川流】　潮と風波に弄《あそば》れ死ぬ思い

真鍋島近くて遠い北木島

北アルプス診療班～三十五年振りの『雲の平』（2003年）

『岡山大学北アルプス三俣診療班』は昭和三十九年（一九六四年）に第一回目の活動を行い、以来四十年続いている夏期限定の、北アルプス最奥部の『三俣（蓮華）山荘』で登山者や山岳関係者の診療を無料で行うボランティア活動である。

私は医学部五年生の時、仲良くしていた同期生の谷崎真行氏（現岡山医療センター副院長）に誘われ、訳も分からず「寄り合い」に連れて行かれたのが運の尽きで、そのまま昭和四十年の第二回に参加し、翌四十一年にはリーダーとして第三回に参加している。奇しくもこの年の秋、岡山大学医学部脳神経外科教室が誕生している。四十二年春卒業し、制度最後のインターンを岡山大学病院で修練しているが、この夏に診療班に参加したかどうか記憶が定かでないが、参加しているはずである。四十三年春岡山大学脳神経外科に入局し、夏には第五回の診療班に第三班の医師として土井章弘氏（岡山旭東病院院長）と共に参加している（本当は春の医師国家試験をボイコットしていたので、私はまだ医師ではなかった）。私はこの時の詳細を昭和四十三年十一月三十日発行の第二回岡山大学医学部脳神経外科同門会誌に『北アルプス診療班の優雅な生活記』として書き残している。すなわち、当初の第二回から第五回まで参加していることになるが、その後はズーッと診療班には参加していない。

一昨年夏に富士登山を遂げた後、真正面に「槍ケ岳・穂高連峰」を捕らえた北アルプスの至宝ともいうべき三俣山荘からの眺め、美しい「鷲羽岳《わしば》」、楽しい「雲の平」、魅惑の「高天原《たかまがはら》」などの想い出が湧いてくるようになった。とりわけ、『もう一度「雲の平」へ行ってみたい』という思いが時と共に膨らんできていた。こんな中で、今年の春頃、「北アルプス診療班の医師確保がままならず困っているので、過去に参加したことのあるOBで何とか支援しようではないか」という主旨の谷崎真行氏発信の文書が送られてきたものだから、ググッとその気に傾いてしまったのである。

私も六十一歳になったので、これが最後のチャンスとの認識で、谷崎氏に電話して、レールに乗せてもらった。例によって、登山の前にはカヌーで心肺機能を鍛えかつ赤血球を増やそうと目論んだが、今年の天候不順のため、思うに任せなかった。それでも登ることについての体力には自信はあったが、富士山での体験から、下り道での膝に危惧を感じていた。

結局、私は第三班の医師として参加することになった。今年の診療班を統括している岡山大学医学部四年生の三宅啓君より、岡山大学のカリキュラムの変更で七月いっぱい講義が行われるようになったため、二、三年前から七月は香川医科大学の学生が担当している旨知らされた。

第三班は七月二十七日から三十日まで診療活動を行い、それまでに登り三十一日に下山するのである。

登りには岡山発ではいかに工夫しても丸二日かかる。当初、班割の学生のスケジュールと私の都合が少し食い違っていた。「先生は後から一人で登られますか」と威したりした第三班リーダーの二年生の川田真宏君が、私の都合や希望を勘案して立てたスケジュールは、岡山駅に集合し、午前六時五分岡山始発「のぞみ」で出発し、新大阪で下車。天王寺発の都市間特急バスを利用して高山経由で新穂高温泉に直行し、ここからは歩いて「わさび平」まで行き「わさび平小屋」に一泊。午前三時に出発して登り始め、鏡平〜双六を経てゴールの三俣山荘へ十二時間かけて午後三時に着くというものである。十二時間というのにはいささか驚いたが、『朝鮮海峡横断』の時には一時間漕いで三分の休憩で九時間漕がねばならないと言われていたのを、それにチャレンジしようとしたのだからと考え直し、昔登ったり下ったりしたことのある道でもあり、おぼろげな印象を手繰りつつも、三十五年余の時の経過などどこかへ忘れ、「そんなにはかからないだろう」ぐらいに考えていた。

【七月二十五日】　早朝岡山駅で落ち合ったのは、リーダーの香川医科大学医学科二年生の川田真宏君と看護学科一年生の村上千佳さんと私の三人である。二人共十九歳のピッカピカで若さが眩しい。一日遅れて若い女医と彼女のボディーガードが二人連れで登ってくると言う。何だか怪しい奴らだ！　まあ、怪しくても何でも良い。とにかく、医者の相棒がいてくれないと、山の上で動きが取れないというものだ。

岡山駅プラットフォームには今年の診療班全体を取り仕切っている岡山大学医学部四年生の三宅啓君が来ており、かなり大きなポリ袋を川田君に渡していたので、「ホーッ、差し入れか」と思ったが、世の中そんなに甘くはない。先行班から補充を要請された医薬品で、これが水物で結構重い。大部分は川田君と村上さんのザックに入れたが、入り切らない部分が私のザックにも入ってきてしまった。出発前の睡眠時間を削ってまでも色々考えに考え抜いて荷物を軽くしたつもりが御破算になってしまった。

村上千佳さんとリーダー・川田真宏君。わさび小屋にて

空模様は朝から曇りで、そのうちに降り出すかと思わせる状態で経過した。高山辺りで乗客は次々に降り始め、終点の新穂高温泉バスターミナルまで乗って来たのは我々三人だけであった。降りてみると、水力発電所へ水を落下誘導する二本の太いパイプが目の前の崖に見える。「これこれ！　これはあったぞ！」パッと記憶が蘇る。三十五年前と同じである。思わず写真を撮ってしまった。気がつくと小雨である。傘が要るかなどうかなという程度であったが、入山手続きなどをしている間にひどくなり、きちんとした雨装束を着けないとダメになってしまった。

「わさび平」までは整備された自動車道路である。何故これを歩かなければならないのかと思うのであるが、工事用の道路なのだそうで、関係車輛以外は進入禁止なので仕方がない。左俣谷川沿いのなだらかなこの左俣林道を登っていく。川は増水して荒れ狂いながら凄い勢いで流れているが、濁流でないのはさすがである。所々に澄んだ碧色の水が見え川底が見通せるが、岩の間を流れ下る水はほとんど泡立って川全体が真っ白である。まるで白い大蛇のようだ。雨の中を一時間半ほど歩いて午後四時半過ぎに「わさび平小屋」に到着した。

一風呂浴びた後、五時半から食事で泊まり客が一堂に会したのであるが、若者の姿が少ない。泊まり部屋は八畳ほどであったが蛍光灯はあるが、どの部屋もすべて消されており、薄暗い中で当然のこととして自然光のみで皆凌いでいる。我々三人と男の二人連れの相部屋であった。

「私は六十一歳になりますが、三俣山荘までこれが最後のチャンスと思って来ました」と五十代半ばと思しき若い方に話しかけたところ、「そこにいる親父は八十三歳になりますが、今年も登ると言うので私がついて来ました。明日は双六まで登ります」と言われ、シュンとなってしまった。どう見ても七十前にしか見えない矍鑠《かくしゃく》とした老人である。

午前四時出発とリーダーが決め、この雨が上がって翌日が雨でないことを祈りつつ出発の準備をして、自然界が暗くなったのに合わせて、早々と眠ってしまった。

【七月二十六日】　真夜中に目が醒めトイレに立った。ザーッという音が聞こえ、激しい雨と分かりガッカリである。こんな雨の中を登るのかと思うとウンザリする。どんな感じの降り具合かと軒先から手を出してみたが手が濡れない。軒が長いのかと体ごと歩いて出たが濡れない。おかしいなと思って上を向いて見て驚いた。降って来るばかりに星が輝いているではないか！天の川ごと落ちてきそうである。雨の音と思ったのは川の流れの音だったのだ。気持ちが浮き立ってくる。

【川流】　星空を雨と思わす川の音

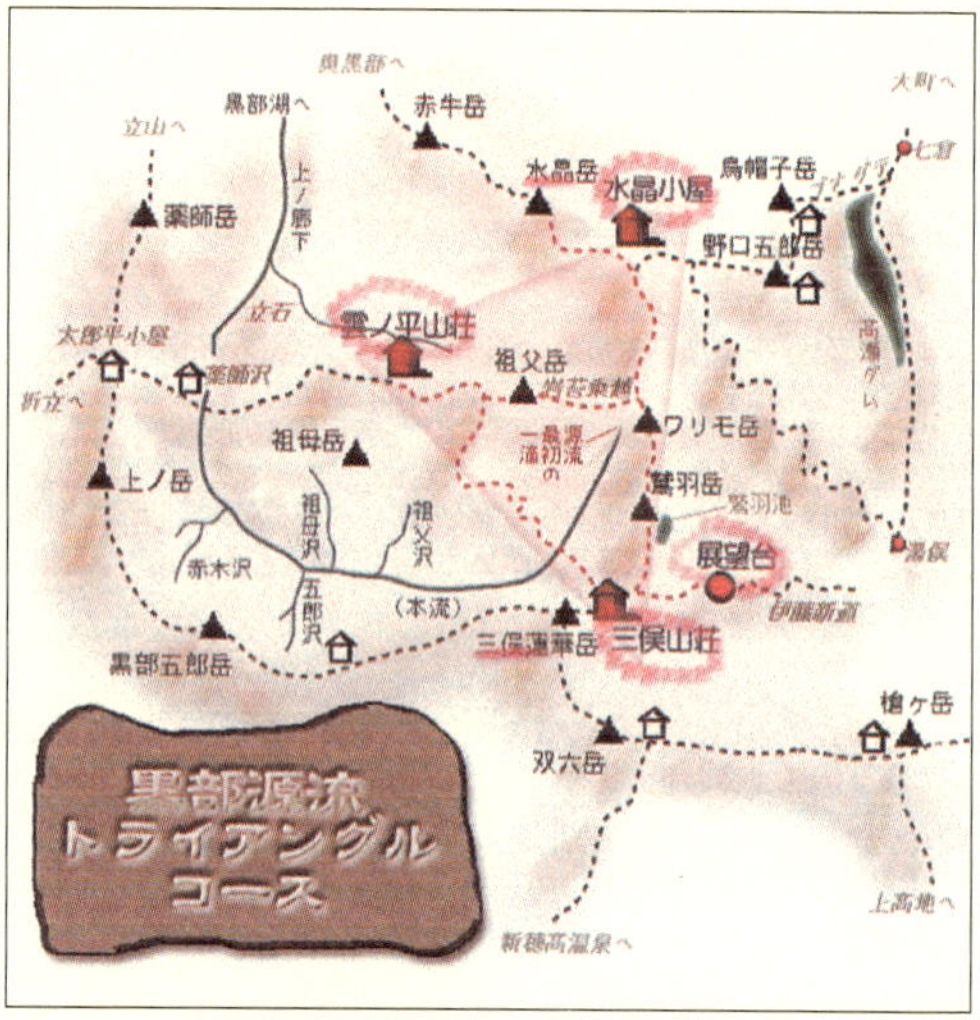

「三俣山荘ホームページ」より

部屋に帰ったが皆眠っているので、私だけが知っているこの最新ビッグニュースを誰にも伝えられないのがもどかしい。午前一時半から興奮してもう眠れない。午前三時二十五分、リーダー君の目覚まし時計が小さな音で鳴り始めたが、一向に目を覚まさない。アー、じれったい。彼を蹴飛ばして目を覚まさせておいて、二時間我慢した『晴れだぞ！』の一言を声を殺しながら発して、やっとスッキリできた。

ヘッドライトを点けて午前四時ちょうど出発。私が先頭、村上さんを挟んで川田君が最後の順で歩き始めた。専ら上り坂の険しい「小池新道」を登っていくのである。良いペースで進み、「鏡平山荘」に七時五十分に到着した。ここで大休止。槍ケ岳・穂高連峰が池に映り美しい場所であるが、朝の逆光線でギラギラしている。名物のかき氷を食べて満足。

私がここを初めて登ったのは、初参加した五年生の昭和四十年の第二回診療班の第一班に参加した時である。当時は「信濃大町」から入り「七倉」を経て「湯俣」で一泊し、ここから登り始め、途中吊り橋を五つも渡るスリリングな三俣山荘への最短距離の「伊藤新道」を登っていたが、洪水で国鉄「大糸線」が不通のため急遽「飛騨高山―新穂高温泉」経由に変えたという事情であったと思う。山男で六年生の柳楽《なぎら》翼氏（四一卒）に頼り切っての登山であった。当時は「ワサビ平小屋」も「鏡平山荘」もまだ無かったと思う。この時は「鏡平」を経由しないで、そのまま「秩父沢」をただひたすら登り、「大ノマ乗越」に攀じ登った。大きな雪渓があり、その上を右往左往しながら少しずつ進んだ記憶が蘇る。下から見上げると目標の「大ノマ乗越」が弓状に常に見えている上に、登る傾斜がだんだん強くなっていき、ヘトヘトになり、遅々として進まなかった印象が残っている。荷物も遥かに重かった。

鏡平山荘を八時半出発。双六小屋までの間の軽い下り部分で右膝に痛みを感じ始めた。登り道や平坦部では何ともない。いつもと同じ症状だ。下りにさしかかるとブレーキがかかり始め、後から来るパーティーに道を譲り次々に追い抜かれ出した。そんな中で擦れ違った私よりも遥かに年上揃いのお婆さんパーティーから『ウワーッ！　今日初めて若い人にお会いしました！若い人は良いですねー！』と声をかけられた。私のことを若い人と言ってくれたと悦んだが、後ろに十九歳が二人いるのを思い出した。確かに、思わずそういう言葉が出てくるほど若者の姿が見当たらない。若者はどこへ行ってしまったのか。我々が出会うのも追い抜かれるのも老人ばかりである。三十五年余り前は、山は若者ばかりだったはずだ。

十一時三十五分、双六に着いた。「双六小屋」の隣に立派な診療小屋ができており、富山医科薬科大学の診療班が来ている。診療班同士の連帯や情報交換の意味で、ちょっと挨拶に立ち寄った。学生が数人出てきたが、医師は槍ケ岳へ遊びに行って不在であった。かつては、双六小屋まで三俣山荘から往診によく来たものである。双六小屋に移動しカレーライスを注文して昼食とした。ポカリスエット缶が三百五十円で、リンゴが一個三百円であった。ここからは郵便が出せるとリーダー君が言うので絵はがきを買い、三通書いた。さすがに郵便料金は下界と同じで五十円であったが、いつ届くかということになると、下界へ持って降りるのが不定期で、我々が岡山へ帰着する時よりは早いかなというくらいの雰囲気で頼り無い。

【仙流】 山からは頼り無いけど便り有り

十三時、双六小屋出発。初っ端の壁のような坂を登る途中で、出迎えに来てくれた第二班の学生二人と出会った。彼らは双六小屋まで迎えにいくと伝えてあるので一旦双六小屋まで行って、出会った旨伝えた後、追いかけてきた。彼らが荷物を持ってくれたのはありがたく、膝への負担軽減になるというものだ。双六小屋と「三俣山荘」の間の「双六岳」や「三俣蓮華岳」の山頂や尾根を経由しない「巻き道」は高低差はそれほどではないが、軽い登りと下りの繰り

三俣山荘　診療小屋はこの建物の後ろにある。後ろの山は鷲羽岳

返しが続く。元気な脚には、周りの山々の眺めを楽しみながらの、何でもない一時間半ほどのハイキングであるが、今日の長旅の終末部であり、午前四時に登り始めて既に十時間経過しており、結構疲れている上に、下り道では膝がままならないため大ブレーキがかかってしまった。特に三俣山荘直前の長い下りにてこずり、三俣蓮華岳と鷲羽岳の間の鷲羽乗越《わしばのこし》にある三俣山荘に到着したのは午後四時になってしまった。でも、リーダーが予定した十二時間を超えてはいないのであるから、「良し」としよう。

まずは我々が寝泊まりする診療小屋に入った。かなり年輩の女の人と男の若者に迎えられ、何が何だかよく分からないまま、付近の雪渓の雪を使用したという『特製スノー梅酒』を当診療所名物として出されたが、疲れた身にはこれは本当に美味しく、疲れを忘れさせる効能を感じさせ、以後滞在中飲みまくることになってしまった。考えてみれば、「黒部源流」のそのまた「源」の雪渓の雪なのであるから、これは大変な贅沢だ。便利なことに、ここでは水は湧水を使っており、水道の蛇口をひねると得られるのであるが、若者たちの日課の中に雪渓から綺麗な雪を採ってくるという作業がある。雪は発泡スチロールの箱に入れて室内に保管してあり、局所冷却に使う診療用や飲食用にいつでも使用できるのである。おおむね後者の用途が主体ではあるが、山荘厨房で時にヤケドがあったりするのだ。この日、診療班員の学生が三十九度六分の発熱をして、ここでもこの雪は大いに役立っている。

食事は泊まり客の食事が終わってから合図があり、揃って「展望レストラン」へ、屋内を通って食べに行く。山荘従業員も一緒だ。到着した時、挨拶に行こうとしたが、泊まり客の到着でごった返していたため果たせずにいた。食事の時に「第二回から第五回までの診療班に参加していました。今回三十五年振りにやって来ました。当時は狭い『冬期避難小屋』でやっていましたが、立派な診療所ができているのでビックリしました。私は今年六十一歳になりますが、これが最後のチャンスと思って参りました」と山荘オーナーの伊藤夫人に挨拶したところ、「やっと待望のお医者さんが来て下さって感謝しています。まだお若いのに。そんなことをおっしゃらないで、来年も再来年も毎年来て下さい。主人なんか八十一歳になりますが、一昨日までここにいました。今は『水晶小屋』へ行っています。数日したら戻って来ますが、うまくお目にかかれて昔の話ができたら良いですね」と、事も無げに言う。確かに、泊まり客の顔触れはおおむね私よりかなり年上と思える人たちばかりである。出会ったパーティーもほとんど高齢者で、お婆さんが圧倒的に多い。山荘の受け付け業務をやっている通称「ワトソン君」に宿泊客の平均年齢を尋ねてみたところ、「ウーン、七十歳ぐらいかな」であった。六十一歳などは『ションベン垂レ』という感じである。

今年は第一班にも第二班にも医師がいなかったので、私が今年最初の医師ということになり、随分期待されているのを感じる。というのは、この間に従業員の怪我が相次いだことや、重症の泊まり客があったためヘリコプターでの搬送を当局に要請し、その段取りができたものの、今年の天候不順でずっと雨天が続き、視界が得られないため、ヘリが飛ぶメドが立たず、臨床をほとんど何も知らない学生ばかりで右往左往して、大変な思いをしているからだ。

学生たちの話では、この大変な中で心の支えになったものが二つあった。一つは携帯電話が全く役に立たない環境の中で山荘に設置してある『衛星公衆電話』である。これは直接肉声で支援やサジェスチョンを得られたので大いに助かったが、患者情報を伝えることに不馴れなため、一括して伝えることができず、問われる毎に一つずつ何回もかけ直したため、テレフォンカードの使用料が莫大にかかったそうである。もう一つは、今年試験的に診療所内に設置されたパソコン通信装置で、信州大学医学部附属病院救命救急センターがキイ・ステーションとなり山小屋を結ぶ衛星通信ネットワークが構築されつつあり、その端末で、ビデオカメラまで繋いである。暇な時に「ちょっとインターネットでもしようか」と思っても、リーダー君が「先生、私用には絶対使わないで下さい。自家発電がいつ中断するか分からないし、費用をどこが負担するのか未定ですので」と厳しく管理している。これにも随分世話になったのだそうである。

本当は、これらのものは、患者移送等緊急事態対応の最後の手段なのであって、ここでは患者から直接聴き出せる情報と理学所見だけから、持てる知恵を総動員して、多少の誤差には拘泥せず一般方向を誤らない判断をし、手持ちの限られた資材で病める者に最善を尽くすことを実践する場なのであって、責任の所在のあやふやな外部システムに安易に寄りかからない方が良いと思う。しかし、医師がいないとなると、端から寄りかからざるを得ないのはよく分かるが、そもそも診療所として機能を果たせていないわけで問題である。ちなみに、第三班ではこれらはほとんど無用であった。

これ以外にも、隣の双六小屋の診療班の存在と援助も大きな支えであったことも見逃せない。往診にも来てくれたようだ。実際、双六小屋の診療班とは一日二回朝夕定時交信をトランシーバーで行っており、コレコレの患者がそちらへ行くとか、連絡のあった患者はどうであったとか等々情報交換を行っている。ちなみに我々の第三班では、操作の不手際や約束の交信時間をうっかり逃したりで、しどろもどろの感があった。

診療小屋は各々八畳ほどの診療室と夜は雑魚寝の居住室とを備え、電気（自家発電）・水道・石油ストーブ完備、炊事も可能であるが、当然ながら風呂もシャワーも無い。しかし、山にいる間は皆「着た切り雀」で過ごしているが、涼しいのと乾燥しているので、不快感は無い。居住室の壁の一つが全面棚になっており、ここにあらかじめヘリコプターで運び上げられた飲み食いの品々が班別に仕切られて並んでいる。長い歴史の間に溜まった小説や星座などの本も並んでいる。四半世紀前の救急処置の本もあった。診療室には机が二つあり、一方には件のパソコンが載っている。ベッドも二つあり、普段は座談会というか酒盛りの椅子代わりになったり、班員が寝たりしているが、入院応需である。窓からは三俣蓮華岳方向に這い松林、冬期避難小屋、別の窓からは顔を乗り出せば鷲羽岳が見える。残念ながら絶景の槍ケ岳・穂高連峰方向は母屋に遮られているので出入り口以外には窓は無い。窓の無い狭いコンクリート箱製冬期避難小屋を使用していた昔のイメージとはデーレー違いようだ。

第二班の学生三人の他に、年輩の女の人立川房枝氏がいたが、はじめはどうしてここにいるのか理解できなかったが、私と同じようなものだと考えて納得できた。彼女は佐世保の山岳会の会員で、ナース歴四十年のベテランで、今は定年退職し、悠々自適の生活を送っている六十三歳である。現役を引退したら、夏山の診療所でボランティアをしたいと常々思っていたのだそうで、三俣診療所のことも知人から聴いて知っていたと言う。この夏是非実行しようと思い立ち、何の伝手も無いまま岡山大学医学部へ電話をかけたところ、今年の統括者・三宅啓君に直に繋がり、難なくレールに乗れたのだそうで、素晴らしい。彼女は第一班から第四班までずっと滞在し、唯一のナースとして貴重な存在であった。医師不在の第一班第二班では彼女が目立たない形で支えになっていたことは想像に難くない。自分の立場と責任について熟知している彼女は決して前に出ることはしないが、指示をすれば何でもテキパキとやってくれたし、手持ちの資材についてはすべて把握しており、臨機応変の対応をしてくれた。看護学科一年生の村上さんには折に触れ諸々丁寧に指導していたし、班員全体のお母さん的存在であった。

【七月二十七日】　早朝第二班の学生三人が下山する。高熱を出した学生も大丈夫のようなので下山を許可した。五時に山荘前でお別

冬期避難小屋2003　ドアには「トイレは三俣山荘のトイレを御使用下さい」とある。

35年前の冬期避難小屋　カンバンに「岡山大学医学部北ア夏期診療所」とある。
後列の右端 土井氏、前列左端 谷崎氏、前列右端 著者

れの挨拶を交わした後、寒い中で彼らの姿が雪渓を越え這い松に隠れて見えなくなるまで見送った。この日、相棒の女医がボディーガードと登ってくる予定である。

天気は悪くなかったが、疲れのせいかどこにも行く気がしない。「雲の平」行きに備え何よりも膝の安静を計るべきであると心得、朝からゴロゴロして過ごしたが時間を持て余す。手持ち無沙汰で、退屈凌ぎに一人で冬期避難小屋に行ってみた。小屋自体は昔のままの姿ではあるが何か違うような気がしてならない。周りの這い松の様子が変わっているのか位置が違うような気がしてならないが、こんなものが動かせるわけが無い。かつてこの小屋の前に一同寝転んで満天の星空を仰ぎ見ながら、高校か大学かで天文部だった種谷節郎氏（三八卒）が独特の話術で聴かせる星座の見方やそれにまつわるギリシャ神話を夜毎に楽しんだ記憶が蘇る。

昼過ぎになって待望の槍ケ岳・穂高連峰が見え出した。雲も微妙に懸かって実に美しい眺めだ。医学的な表現を借りれば、『天空に見る sharp and irregular slow complex』でどうだろうか。このままただ見ているだけではもったいない。リーダー君が「外で何か作って食べましょう」と発案。携帯バーナーを見つけ出し、四人でラーメンを作って食べることになった。何という贅沢であろうか。

【仙流】　贅の極み槍穂肴にそばを食う

医師が来たという情報のせいか、午後患者も数人あったが、いずれも高齢で一番若い人でも六十歳である。ちょっと風邪を引いたかなと言って来る程度の軽症ばかりで、治療というよりは雑談をして帰るという感じであった。

藤川医師とボディーガードの怪しい一行二名の到着が遅くなり午後六時頃になるが、必ず来るので食事を確保しておいて欲しい旨「鏡平山荘」から知らせが入ったと、一風変わっているがなかなか面白い山男で従業員の吉田氏から、昼前に知らされていた。午後五時頃から班員一同三俣蓮華岳方向をずっと気にしながら、今か今かと待っていたが、六時になっても姿が見えない。日暮れが迫っているのでヤバイのだ。六時十五分になったがヤッパリそれらしい姿が見えない。双六小屋の診療所に連絡してみたが、寄っていないので通過時間が分からない。ボディーガードの藤木英孝氏は山をよく知っていると聞いていたので安心していたのであるが、リーダー君と何とか対応策を取らないといけないと相談し、六時半になってもそれらしい姿が見えなかったら山荘に相談して迎えというか捜索に出かけようと決めた。山荘前で泊まり客も一緒になって大勢が皆人影を求めて三俣蓮華岳方向を見上げている。六時半になってリーダー君と山荘に相談に行ったところ、「行動を起こすのが遅い！　若い者がすぐに支度して迎えに飛び出せ」と当地のシンボル的存在の御老体『桑原仙人』に怒鳴りつけられ、山荘の屈強の従業員吉田氏も飛び出してくれ、六時四十五分リーダー君と二人で走って出て行った。ほとんど同時に這い松林から小さな人影らしい動くものが二つ現れ、動きは遅いが雪渓にさしかかったのが見える！山荘前の人だかりから一斉に歓声が上がった。三十分かかって四人が無事到着。辺りは暗くなり、まさに日没である。元来山では、その日の予定行動は午後三時には終えているように計画しなければならないのだ。この晩、この二人は山荘でコッテリ絞られた。

【七月二十八日】　一日休養したので、膝の調子が良い。天気も申し分ないので、予定していたリーダー君の「雲の平山荘」に医薬品を届けるという任務に乗っかる形で、「雲の平」へ向けて一緒に登って来た三人組で出発した。診療所には疲れているとはいえ卒後三年目の藤川愛医師もいるし立川房枝ナースもいるので万全である。

まず「黒部源流」まで降りて、雪渓から流れ出た綺麗な冷たい流れの中の岩伝いに飛んで渡り、対岸の「祖父岳」の急峻な崖を先ほど降りた分だけ登ると雲の平の高さである。振り向くと三俣山荘の赤い屋根が「三俣蓮華岳」と「鷲羽岳」の間の「鷲羽乗越」の這い松の緑の上にへばり着いて載っている様が綺麗だ。黒部源流が足許直下に遠く見える。いよいよここからは穏やかな起伏はあるが広大な「雲の平」の散策が始まる。ここへのルートを開いた伊藤正一氏が適当にというか勝手にというか熟慮の上というか独断で命名した色々の名前の『庭園』が広がっている。雪渓を歩いたり池塘の傍を通ったりしながら「祖父岳」を右に巻いて進む。左に雲に隠れていた「黒部五郎岳」が見えて来た。カールが見事だ。正面遠くにズシーンと大きな山塊「薬師岳」、手前に広がる「雲の平」、その中に、ポツンと赤い屋根の「雲の平山荘」が小さく見える。「アルプスの少女ハイジ」の世界はかく哉という長閑な景観が広がっている。感動のままにあちこちで立ち止まり、写真を撮りまくる。

近くを見ると、あちこちに池塘があり、そこらじゅうお花畑で小さな花々が色々いっぱい咲いている。ここでも、出会うのはほとんど老人ばかりで皆元気が良いし、歩くのが結構速い。女ばかりのパーティーか、男の指導者を交えた女のパーティーで、男ばかりのパーティーには出会わなかった。まるで晩年のハイジたちが行進しているようだ。平均余命が示す通り、高齢グループでは同じ年齢なら女の方が元気で、これらのお婆さんの配偶者は、年上だとすると既に亡くなったか山へ行けるほどの元気が無いかのどちらかなのだろうかなどとツイ考えたりしてしまう。

雲ノ平山荘付近では木道が整備されていて歩き易い。出会う毎に「こんにちは」と挨拶を交わして擦れ違うが、ココゾという場所では、どちらからとはなく立ち止まり、カメラを渡し合ってお互いの全員写真を撮り合って別れる。婆さんばかりの写真を随分撮ったものだ。

雲ノ平山荘では、病院勤務を辞めて来ているという元ナースだったという妙齢の従業員に持参した医薬品を渡した後、コーヒーのサービスを受けながら、伊藤家の次男でこの山荘の責任者・伊藤二郎氏の『山話』を約一時間にわたって拝聴した。山に暮らし山荘を経営する視点からの「山のゴミ処理」に対する行政施策の矛盾を突いた意見や「山岳医療」に対する考察は、下界だけでの生活からでは考えが及び得ない傾聴に価する貴重なもので、目から鱗の思いであった。「診療所の床が綺麗になっているでしょう」と言う彼は三俣診療所の修理・改良作業に加わり汗を流しているのである。山の上がこれだけ老人だらけであると、脳卒中もあるのではないかと思い尋ねてみたが、そんな話はまだ聞いたことが無いという返事で、本当に元気な老人ばかりのようである。

　雲の平山荘を辞した後、目の前に屏風のよう

雲の平「スイス庭園」にて。低い岩の上に座っている。

に聳え立つ「水晶岳」を見上げ、遠く眼下に「水晶池」・桃源郷「高天原」を臨みながら、「スイス庭園」のお花畑で微風を受けながらゆっくり弁当を食べる。至上の憩いである。

【仙流】　今憩う雲の平の花畑

行きは道草で三時間半かかったが、帰りは村上さんが足を捻ったため祖父岳の絶壁を降りる途中で座り込んでリーダー君がテーピングの腕を発揮したりしたが、さっさと二時間半で三俣山荘に帰着した。

この診療班は岡山大学脳神経外科教室が深く拘わってはいたが、ずっとボランティアの自主的集まりの組織として継続してきていたものと私は理解していた。ところが、最近参入した香川医科大学では学生のサークル活動として発足し、四月には新入生の勧誘から始め、今年からは顧問教官に岡山時代から拘わっている第一外科教室の臼杵尚志講師を据えて、学友会の『部活動』に昇格し、部員のトレーニングも行っていると言う。リーダーの川田君などは、庭球部にも所属しているが、両方の活動を続けようとすると、特に夏が難しいので、「北アルプス三俣診療班」部に専念するには、今年の西医体を最後に庭球部は止めざるを得ないとも言っている。それほど本気なのだ。学生は本気でも医師の確保がままならず苦労しているようだ。

【七月二十九日】　リーダー君は水晶小屋へ医薬品の補給と彼が得意とするテーピング法の従業員に対する講習の任務を果たすため、ガスで鷲羽岳さえも裾の辺りしか見えない中を五時半出発。これに藤川・藤木組とまだどこにも遠出をしていない立川さんが付いて行った。村上さんは痛めた脚の安静のためもあり、私と留守番である。この日は小屋にいてもガスで外の景色が無くなったり雨が降ってきたりで、これでは水晶岳は荒れているだろうなと推し測られた。

診療所には患者以外の来訪者も多い。佐世保山岳会の壮年の男の人が立川さんを訪ねて来たことがあった。双六小屋の診療班員も三俣を通る時には寄っていく。三俣山荘の従業員も休憩時間に遊びに来て色々話していく。この日は吉田氏が昼前遊びに来た。午後はたまたま山荘でアルバイトをしている札幌医科大学三年生の女の子が遊びに来た。診療班がどんなものか偵察に来たと言う。北海道の山には診療班は無いのだそうで、興味を持っているようなので、是非この診療班に参加するよう勧めた。

昼過ぎかなり視界が良くなったので、もう戻って来るかと双眼鏡を持って出てみるが一向に姿が見えない。予定を大幅に遅れて結局午後三時半になってやっと帰着した。それはそれは大変な天候の中の行軍であったそうだ。

これと相前後してこの日次々に班員が到着し賑やかとなった。今年の香川医科大学『北アルプス三俣診療葉班』部のキャプテンで看護学科四年の尾坐麻理佳さん、昨年のキャプテンで医学科六年の山代亜紀子さん、京都大学脳神経外科研修医一年目の森原啓文氏、東広島リハビリテーション病院理学療法士の中島幹雄氏と多彩である。総勢十名の大所帯となってしまった。この晩は消燈時間が過ぎ、自家発電が止まっても、ランタンを持ち出したり、ヘッドライトを点けたりして自己紹介を兼ねた酒盛りが遅くまで続いた。雑魚寝に入っても女盛りの三名は頭を寄せ合って声を殺して無声音でチャットを続けている。真暗闇の中で時に『結婚』という単語だけがクッキリと聞こえてくるが、そのほかは分からない。

7月29日夜。前列左より村上（一年生）、尾坐（キャプテン）、森原（京大研修医）、中列左より中島（理学療法士）、藤川（大学院生）、藤木（ボディーガード）、後列左より著者、立川（引退ナース）、山代（昨年のキャプテン）。リーダー・川田が撮影した。

【七月三十日】　朝から雨。ガスで視界が無い。出かけられないので、朝食後に研修医の森原氏を中心にして地図とコンパスの使い方の講習会を行っている。森原氏は大阪出身で、香川医科大学を今春卒業し、京都大学脳神経外科に入局した。京大では十六人の応募者に試験をして八人に絞ったそうだ。彼は学生時代は診療班でも活動したが探検部だったのだそうだ。最も重要な「地磁気による経線の補正作図」から始まり、「はっきりした指標となる物が見えていて自分の位置を地図上に同定する方法」、「自分の位置が分かっていて見えている物が何か同定する方法」等々の彼が指導する実習は面白く有意義であった。

こんなことをやっている所へ、山荘従業員の吉田氏が駆け込んで来て「単独行の七十三歳の男の老人が、黒部源流と山荘の間の坂道で雨とガスの中で、へたり込んで冷えて動かなくなっているので来てくれ」と救助を求めてきた。ただちに探検部と去年のキャプテンの二人が身支度をして、吉田氏に付いて飛び出した。石油ストーブに点火して部屋を暖め、湯を沸かし、ベッドを整えていると、やけに早く、ドヤドヤと戻ってきた。患者は大柄で脂の削げた、いかにも山歩きを続けているという感じの、意志強固というか頑固そうな爺さんで、疲労困憊してはいたが、笑顔を見せて独歩で入ってきた。ごく普通にしゃべる。へたり込んでいる内に体力を回復したらしい。体温は三十三度三分とよく冷えているが、それ以外には問題は無さそうである。暖かくしてしばし休んでもらって落ち着いた後、山荘の泊まり部屋に移ってもらった。

話を総合してみると、ストーリーは大凡こうである。この老人は高血圧があり、降圧剤の投与を受けていたが勝手にしばらく中断していた。前夜三俣山荘に泊まり、この日の朝なぜか内服を再開したが、内服したことを失念して再度内服し、結局二倍量内服して、早朝ガスで視界の無い雨の中を「雲ノ平山荘」目指して単独で出発した。いつもと調子が違い、ふらつきを感じながら黒部源流に降り、祖父岳の絶壁を登り始めたが、途中でふらついて登れなくなった。ちょうどこの辺りで登山道の補修作業をしていた三俣山荘従業員の吉田氏がこれを見ており、特徴ある風貌から昨夜の泊まり客であることも分かっていた。彼の経験から、この種の老人は下手に声をかけて指図すると、反発して好ましくない方向の行動を取り勝ちなので、吉田氏は黙ってそれとなく観察していた。やがて老人の方から吉田氏に雲ノ平山荘へ行くのと三俣山荘へ引き返すのとどちらが近いか尋ねた。引き返す方が良いと言う吉田氏のアドバイスに従って老人は絶壁を何とか降り三俣山荘向けてよろよろと登り始めた。祖父岳の絶壁ほどではないが、こちらもかなりの勾配の登りの連続で、ふらつきながら頑張ったがまた登れなくなってへたり込んでしまった。これを三俣山荘へ帰る途中の吉田氏が見つけたのである。内服した薬が何であるかを突き止めるのにはパソコンが威力を発揮している。元気であるとはいえ、老人はこういうことを仕出かすリスクがあるのである。

こんな騒ぎが一段落した頃には、雨が止みガスも晴れてきだした。翌日は第三班の下山日なので、私にとっては最後のチャンスということで、鷲羽岳山頂までのショートトリップに急遽出かけることにし、今年の香川医大キャプテンの尾坐さんと理学療法士の中島氏と私の三人で十二時半に出発した。視界は時々開けただけであったが、山頂で寒さを感じつつ写真を撮った。「鷲の目」といわれている元噴火口の「鷲羽池」を探したがガスで視界が得られず分からない。中島氏が地図とコンパスを取り出し、先ほど習ったばかりの「自分の位置が分かっていて目標の方向を得る方法」を実地に復習し「ガスが切れたらこの方向に見えるはず」と頑張ったがガスは切れなかった。降りる途中で槍ケ岳・穂高連峰が見え始めたので、これをバックに写真も撮り、十四時半には帰着した。

幸いにも、この程度では膝は何とも無かった。昔は三十分ほどで鷲羽岳を走って登り、飛ぶようにして降りてきた覚えがある。かつてやった岩苔乗越《いわこけのこし》経由や水晶岳経由で桃源郷の高天原へ行ったり、黒部五郎岳へ行ったり、槍ケ岳への日帰り遠出をするのは一回の診療班参加ではとても全部はできないが、雲ノ平を堪能し、鷲羽岳にも登るチャンスに恵まれ、槍ケ岳・穂高連峰の美しい姿も色々のバージョンで堪能できたというだけで大満足である。

夕食後、テント場で野営している和歌山医科大学山岳部一行五名が遊びに来た。全員武骨な男揃いである。昔はこんな奴らばかりだったのだ。酒盛りをし、興の乗ったところで、誰かの提案で皆で診療所の屋根に登り、星の観察を始めた。いい加減呑んだ上に、暗がりの中で梯子を登り、足場の悪い屋根の上に立って、しかも空を見上げているのである。私も皆と一緒に上で星を見たが、誰か一人ぐらい落ちても不思議ではない状況ではあったが、誰も落ちはしなかった。

山荘従業員からの要請もあり、この日の夜終

桑原仙人（左）と著者

槍ケ岳

業後、展望レストランで、理学療法士の中島氏を中心にしてテーピングの講習会が従業員を対象に予定されていた。従業員の仕事が終わったという知らせで、班員の半分はそっちへ抜けて行ったが、山岳部と残りは部屋に戻り雑談が続く。和歌山医科大学には山岳医療班の活動は無いと言い、皆非常に興味を示していたが、来春卒業する猛者に至っては、来夏是非参加したいと明言している。

この酒盛りの中へ突然、『桑原仙人』が酒と氷とツマミ持参で加わった。この人物のことはよく知らないが、山の世界では知る人ぞ知る大物だろうなと思わせるいかにも仙人の風格を漂わせている。立川さんと並んで古い歌謡曲をデュエットしてご機嫌である。この人は歌がうまい。「これはねー、伊藤さんが歌うから、私は滅多

展望レストランでのテーピング講習会
中央 オーナー・伊藤夫人、後列右端 吉田氏、ブルーの前かけはワトソン君

に人前では歌わないんだ。でもねー、今日は立川さんもいるし、特別だ」と言い、伊藤正一氏が作ったという『雲の平の歌』を情感込めてしんみりと歌ってくれた。ネパールでの話、シェルパの話、チョモランマでの話等々楽しい一時であった。

仙人も山岳部も去ったが、テーピング組が戻って来ないので、覗きに行ってみて驚いた。総勢二十余人の凄い熱気である。伊藤夫人をはじめ皆真剣な眼差しで活発に意見を交わしている。さっきまで一緒にいた連中も加わっている。山荘従業員には今まで体験したことのない新鮮な刺激であったようで、爽やかな興奮が伝わってくる。

【七月三十一日】　下山である。午前四時、私が先頭で五人で出発。双六小屋手前の急な坂辺りで膝に痛みを感じ始めた。双六小屋でリーダー君が得意のテーピングをしきりに勧めるのでやってもらった。歩いてみると、一歩毎に毛が引っ張られてやけに痛い。新たな苦痛が加わってしまったが、我慢して歩いていたら、百メートルほどでこの痛みは無くなった。毛が抜けたか、緩んだのだろう。

鏡平着八時十五分。テーピングは効果があるようだと言ったら、すぐにやり直してくれた。ここで休んでいる間に、藤木氏がビールを飲み始めてしまった。「我々はゆっくり降りますから、ここで失礼します」と言うので、藤川・藤木組を残して、八時五十分出発。

登ってくる人々に次々出会う。かなり若者の姿が多い。「こうでなくちゃー」とホッとする。大学生の夏休みが本番になったということだろうか。それでもせいぜい高齢者と半々というところである。

専ら険しい下り道を進んでいるので、やっぱり膝に来てしまった。決まって右がやられる。両膝やられたら動けなくなるので、スピードを落とし小休止を頻繁に入れて凌いでいく。なにせ私が先頭でペースメーカーなので自由自在である。私より遥かに年配の婆さん三人組が凄いスピードで飛ぶように降りて来て抜いていく。「速いですねー」と声をかけると、「膝をやられてボロボロで、さっぱりダメなんです」と言うのには参ってしまう。マクロレンズで道端の花の撮影に没頭している婆さん組がいると思ったら、先ほどの連中である。しばらくしたらまた飛ぶように抜いていった。追いつ抜かれつを繰り返したが、撮る花が無くなったのか、やがて追い付けなくなった。

【仙流】　花を撮る老婆舞う舞う蝶の如《ごと》

途中で香川医科大学『北アルプス診療班』部顧問の第一外科講師・臼杵尚志氏（五六卒）に出会った。第四班医師として登っているところで、可愛い子供さん連れの微笑ましい光景である。私自身は初対面であったが、ちょうど野鳥を至近距離で撮るチャンスに恵まれ、堪能していた時であったのは何とも不思議である。彼は岡山大学時代から連続二十七回三俣診療班に参加していると言う。『凄い！』の一語だ。「私より大分前の、谷崎先生が冬期避難小屋でやっていた頃ですね」と知っているのはさすがである。

わさび平で昼食をとり、新穂高温泉バスセンター着十三時五十五分。ちょっと慌ただしいが、バスが出発する十四時二十五分発までの三十分間に、切符を買い、発車場隣の温泉に入って垢を落とし、下着を全部替えてさっぱりし、下界の人間に変身である。

三十五年振りで北アルプス診療班に参加して、何よりも山上の高齢化に驚かされた。今の若者の多くは山を歩くようなことはしんどいばかり

臼杵尚志氏とジュニア

で格好悪いと思っているのだろうか。昔の若者がそのまま山歩きを続けながら歳を取ったのだろうか。元気な高齢者が暇に任せて山を歩いているのだろうか。山歩きをするような暇は高齢者にしか無いのだろうか。不謹慎ながら、老婆たちが姥捨て山を喜々として自ら探索している様を想像したりするのである。

【仙流】　姥捨て山皆で歩けば極楽ね

著者紹介

別宮　博一（べっく　ひろいち）
脳神経外科専門医・医学博士。岡山市在住。
昭和17年、愛媛県生まれ。
3歳より高校卒業まで岡山県高梁市で育つ。
昭和42年岡山大学医学部卒業。
昭和51年より国立福山病院勤務。
平成16年3月同退職。
現在、岡山旭東病院健康センター長（脳ドック専任）。
48歳でカヌーをはじめる。
趣味は他にジャズ鑑賞、落語鑑賞など。

川下りは楽し ～48歳からのカヌー日誌

2004年7月31日　初版発行

著　者　別宮博一
発行者　山川隆之
発　行　吉備人出版
〒700-0823 岡山市丸の内2丁目11-22
電話 086-235-3456　ファクス 086-234-3210
http://www.kibito.co.jp
mail:books@kibito.co.jp
印刷所　株式会社 三門印刷所
製本所　岡山協同製本株式会社

ISBN4-86069-075-3　C0095